三国法专题讲座

李曰龍

背诵卷 8

李曰龙◎编著

2020年国家统一法律职业资格考试

中国经济出版社
CHINA ECONOMIC PUBLISHING HOUSE
中国石化出版社
HTTP://WWW.SINOPEC-PRESS.COM

图书在版编目(CIP)数据

三国法专题讲座背诵卷/李曰龙编著.—北京:
中国石化出版社,2020.5
ISBN 978-7-5114-5830-8

Ⅰ.①三… Ⅱ.①李… Ⅲ.①国际法-资格考试-自学参考资料 ②国际私法-资格考试-自学参考资料 ③国际经济法-资格考试-自学参考资料 Ⅳ.①D99

中国版本图书馆 CIP 数据核字(2020)第 077155 号

中国石化出版社出版发行

地址:北京市东城区安定门外大街 58 号
邮编:100011 电话:(010)57512500
发行部电话:(010)57512575
http://www.sinopec-press.com
E-mail:press@sinopec.com
鸿博睿特(天津)印刷科技有限公司
全国各地新华书店经销

*

787×1092 毫米 16 开本 11 印张 200 千字
2020 年 7 月第 1 版 2020 年 7 月第 1 次印刷
定价:30.00 元

PREFACE

把握命运

——致为梦想而全力以赴的人们

有幸，你我相遇在中华大地法治新时代。

有缘，如今我们共同奋战在法考最前沿。

有心，你孜孜不倦，力争上游；我拳拳守护，不遗余力。

请允许我首先引用这样一则故事：

一次，去拜会一位事业上颇有成就的朋友，闲聊中谈起了命运。我问："这个世界到底有没有命运？"他说："当然有啊。"我再问："命运究竟是怎么回事？既然命中注定，那奋斗又有什么用？"

他没有直接回答我的问题，但笑着抓起我的左手，说不妨先看看我的手相，帮我算算命。给我讲了生命线、爱情线、事业线等诸如此类的话之后，突然，他对我说："把手伸好，照我的样子做一个动作。"他的动作是：举起左手，慢慢地而且越来越紧地握起拳头。看我照做后，他问："握紧了没有？"我有些迷惑，答道："握紧啦。"他又问："那些命运线在哪里？"我机械地回答："在我的手里呀。"他再追问："请问，命运在哪里？"我如当头棒喝，恍然大悟：命运在自己手里！

"昨夜西风凋碧树，独上高楼，望尽天涯路"，曾几何时，我们便以经验、智慧和勇气划开迷惘，果断抉择，只为让梦想照进现实：你，勇攀法考高峰，筑梦法律职业人生；我，发力创业征程，矢志开启法律学习新纪元。

在能触摸晚霞的自习室，或在驳杂纷乱的工作场，你耳机里回响着配套课，手上刷着竹马 APP，眼前播放着名师视频；在闭塞昏暗的宿舍里，或在劳形乱耳的书房中，你研习《精讲卷》，猛练《真金题》，狂学《背诵卷》……你"衣带渐宽终不悔，为伊消得人憔悴"，我亦如是，疆场不同而已。我所努力的，是给你更高效的图书和课程让你快速实现知识储备，给你大数据分析之后出错率最高的题目和解析让你再不受羁绊，给你更全真的模拟和演练让你能笑傲考场。我们一个目标，两条战线，"不悔""憔悴"，不惧艰险，和衷共济！

竹马 APP、众合学习包、众合技术流、众合内部课、背诵版图书……，都代表了我为呼应你的努力助力你通关而竭尽所能，尽管我总觉得这些都还远远不够。一直以来，我们始终以一流的师资迎击需求，以热情的投入拥抱变革，以最大的诚意为学习备考保驾护航。我们着眼于引领法考培训行业的良性发展，致力于将真诚、勤勉、先进理念、有益经验和对考试规律的准确把握等积极要素有效结合起来以推动中国法律教育的实质进步，我们打造标杆式产品，提供创新性服务，宗旨就只一条：为学员创造价值。有志者事竟成，“众里寻他千百度，蓦然回首，那人却在灯火阑珊处”，胜利终将属于我们！

朋友，人生是一场旅程，我们经历了几次轮回，才换来这个旅程。然而，这个旅程很短，因此我们不妨大胆一些，大胆一些去爱一个人，大胆去攀一座山，大胆去追一个梦……

再回到我开头引用的那则故事：

握紧了拳头之后，再看看，你还会发现你的生命线有一部分还留在外面，没有被全握住，它又能给我们什么启示呢？命运绝大部分掌握在自己手里，但还有一部分掌握在“上天”那里。古往今来，凡成大业者，“奋斗”的意义就在于用其全部的努力孤注一掷地去为梦想争取，正所谓尽人事而天命有归。

法考、创业、生活、爱……，都需要我们全力以赴。

而你，并不孤单。

来吧，我们一起攀过那座山，筑成这个梦！

权为序！

李国龙

2020 年 7 月

CONTENTS

目　录

国际公法

国际私法

国际经济法

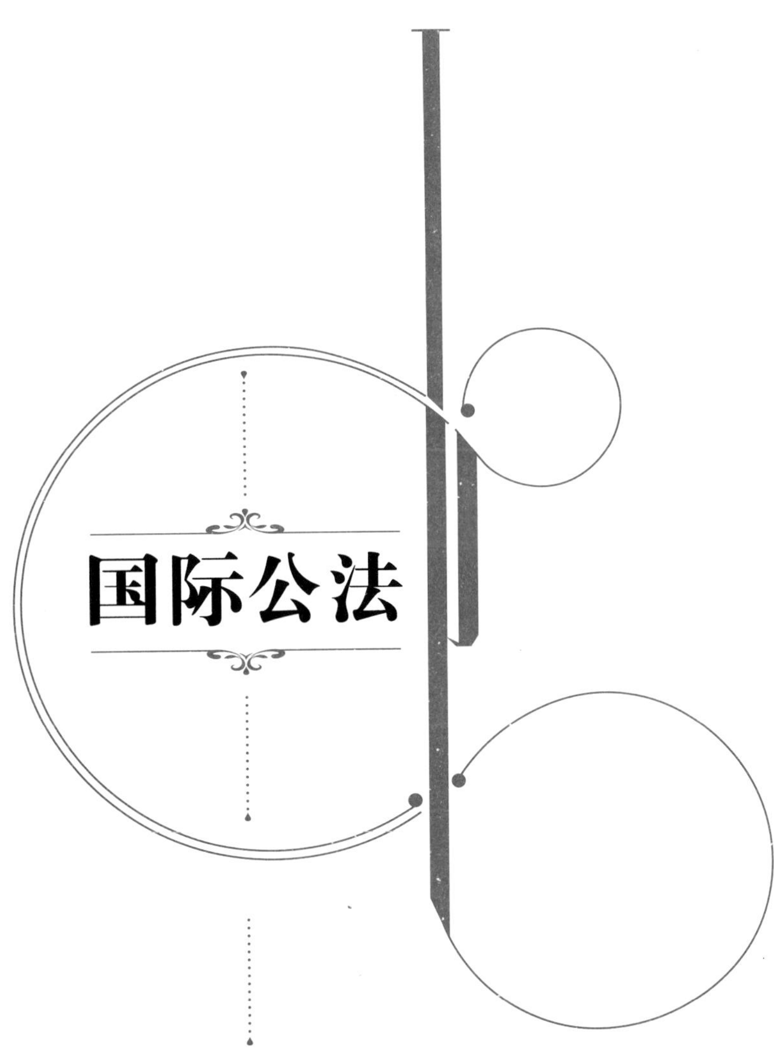

国际公法

PROJECT ONE

国际法的基本原则 专题一

考点1：国际法渊源★

国际法渊源	国际条约	国际法主体之间根据国际法而订立的具有权利和义务内容的明示协议。国家只受其缔结或加入的生效条约的约束。
	国际习惯	国际交往中由各国前后一致地不断重复所形成，并被广泛接受为有法律拘束力的行为规则或制度。一项业已确立的国际习惯法规则对所有的国际法主体都有法律拘束力。
	一般法律原则	各国法律体系所共有的原则。
确立国际法律原则的辅助资料	国际组织决议；	
	司法判例；	
	各国权威国际法学学者学说。	

点睛之笔

1. 通常条约的效力具有相对性，一个条约要对一个具体的国家发生效力，需要同时满足两个条件：

（1）条约本身已生效；

（2）国家要缔结或加入该条约。

2. 国际习惯具有普遍的拘束力，一项业已确立的国际习惯法规则对所有的国际法主体都有法律拘束力。

最爱考

1. 因我国已经签署《联合国国家及财产管辖豁免公约》（尚未生效），故该公约对我国有法律拘束力。

2. 国际人道法中的区分对象原则（区分军事与非军事目标，区分战斗员与平民）是一项已经确立的国际习惯法原则，其对所有的国际法主体都有法律拘束力。

3. 作为国际法渊源的一般法律原则指国际法的一般原则或一般法律意思。

4. 国际法院判决对争端当事国具有法律拘束力，故其为国际法的渊源。

［答案］

1. 错误。

2. 正确。
3. 错误。
4. 错误。

一招制敌

国际组织决议、司法判例（包括国内法院和国际法院）、各国权威国际法学学者学说，不是国际法的渊源，除非特别强调，否则对国家来讲没有法律拘束力。

考点 2：国际法的基本原则★★

<table>
<tr><td>国际法
基本原则</td><td colspan="2">四大特征：
1. 各国公认；
2. 适用于国际法律关系的所有领域；
3. 构成国际法体系的基础；
4. 具有强行法性质。</td></tr>
<tr><td rowspan="2">国家主权
平等原则</td><td colspan="2">1. 国家主权：对内最高权、对外独立权、自保权。外国人能否进入一国以及在该国所进行的活动，要依据该国法律。</td></tr>
<tr><td colspan="2">2. 主权平等。任何国家都拥有主权，各国都有义务相互尊重主权。尊重别国主权首先要尊重别国的领土主权和领土完整。</td></tr>
<tr><td rowspan="3">不干涉
内政原则</td><td colspan="2">1. 内政：国家主权范围内的事项，其与国家领土范围不重合。一项行为违反了国际法或侵害别国利益即超出了内政的范围。</td></tr>
<tr><td colspan="2">2. 干涉：直接或间接地干预，或者以任何手段强迫他国接受自己的意志。</td></tr>
<tr><td colspan="2">3. 该原则禁止的是国家或政府间国际组织；涉及人权、领土等问题均为一国内政。</td></tr>
<tr><td>和平解决国际争端原则</td><td colspan="2">国家间在发生争端时，各国都必须采取和平方式予以解决，禁止将武力或武力威胁的方式付诸于任何争端的解决过程。</td></tr>
<tr><td rowspan="3">不得使用
武力威胁
或武力原则</td><td colspan="2">各国不得以任何与联合国宪章或其他国际法原则所不允许的方式使用武力威胁或武力。</td></tr>
<tr><td rowspan="2">合法使用
武力的方式</td><td>1. 行使自卫权。条件：正在遭受攻击，必要的，相称的；</td></tr>
<tr><td>2. 联合国安理会授权使用武力。</td></tr>
<tr><td>民族自决
原则</td><td colspan="2">在帝国主义殖民统治和奴役下的被压迫民族有权自主决定自己的命运，摆脱殖民统治，建立民族独立国家的权利。民族自决原则没有为民族分离主义活动提供任何国际法根据。</td></tr>
</table>

点睛之笔

1. 外国人能否进入一国以及在该国进行活动，要依据该国法律。
2. 一项行为违反了国际法或侵害别国利益即超出了内政的范围。
3. 合法使用武力的方式：行使自卫权和联合国安理会的明确授权。

4. 并不是所有的民族都可以行使民族自决权，民族自决原则中独立权的范围，只严格适用于殖民地民族的独立。

最爱考

1. 国际法基本原则都具有强行法性质。

2. 甲乙两国隔海相望，甲国某核电站因极强地震引发爆炸后，甲国政府依国内法批准将核电站含低浓度放射性物质的大量污水排入大海，因发生在甲国领土内，该行为属于甲国内政。

3. 甲国新政府上台后，推行新的经济政策和外交政策，在国内外引起强烈反应。乙国记者兰摩撰写了措辞严厉的批评甲国政策的文章在报纸上发表。该记者的行为，涉嫌违反不干涉内政原则。

4. 不得使用武力威胁或武力原则是指禁止除国家对侵略行为进行的自卫行动以外的一切武力的使用。

5. 对于一国国内的民族分离主义活动，民族自决原则没有为其提供任何国际法上的根据。

6. 和平解决国际争端原则是指国家间在发生争端时，各国都必须采取和平方式予以解决。

7. 甲国反政府武装控制该国某地区并宣布建立“众合共和国”，根据和平解决国际争端原则，甲国政府在解决该问题时必须采取非武力的方式。

［答案］

1. 正确。
2. 错误。
3. 错误。
4. 错误。
5. 正确。
6. 正确。
7. 错误。该问题并非国际争端。

专题二 PROJECT TWO 国　家

考点3：国家主权豁免★★★

<table>
<tr><td>概念</td><td colspan="2">国家的行为及其财产不受或免受他国管辖。
主要表现在司法豁免方面，司法豁免包括管辖豁免和执行豁免。</td></tr>
<tr><td rowspan="6">放弃</td><td>国家豁免权的放弃</td><td>放弃是国家的一种主权行为，必须是自愿、特定和明确的。</td></tr>
<tr><td rowspan="2">放弃的方式</td><td>明示方式：
1. 在国际协定中直接表明；
2. 通过发表书面照会、声明等形式。</td></tr>
<tr><td>默示放弃包括：
1. 国家作为原告在外国法院提起诉讼；
2. 正式出庭应诉；
3. 提起反诉；
4. 作为诉讼利害关系人介入特定诉讼等。</td></tr>
<tr><td>不认为是默示放弃的主要情况</td><td>1. 国家从事商业行为；
2. 国家或其授权的代表为主张或重申国家的豁免权，对外国法院的管辖作出反应，出庭阐述立场或作证，或要求法院宣布判决或裁决无效；
3. 一国同意适用另一国的法律。</td></tr>
<tr><td>管执放弃分离</td><td>国家对于管辖豁免的放弃并不意味着对执行豁免的放弃。</td></tr>
<tr><td>发展</td><td colspan="2">限制豁免主义理论主张将国家行为分为商业行为和非商业行为，认为国家的商业行为不应享有豁免权。2004年《国家及其财产管辖豁免公约》也采取了限制豁免主义的立场，但该公约目前尚未生效。所以，传统的绝对豁免原则仍然被认为是一项有效的国际习惯法规则。</td></tr>
</table>

点睛之笔

1. 即使国家放弃了管辖豁免，外国法院也不能因此当然地对该国国家财产实施扣押、查封等强制执行措施。执行豁免的放弃必须另行明示作出。

2. 根据《国家及其财产管辖豁免公约》国家从事商事行为不能享有管辖豁免权，但该公约目前尚未生效。传统的绝对豁免原则仍然被认为是一项有效的国际习惯法规则。根据绝对豁免主义原则，国家从事商事行为不视为放弃主权豁免。

最爱考

1. 众合公司是甲国的一家国有物资公司，根据国家主权豁免，若众合公司在乙国涉诉，其享有司法管辖豁免权。

2. 国家作为原告在外国法院提起诉讼、作为被告正式出庭应诉、提起反诉或作为诉讼利害关系人介入特定诉讼等属于默示放弃。

3. 甲国某公司与乙国驻甲国使馆因办公设备合同产生纠纷，并诉诸甲国法院。如该合同中约定适用甲国法律解决纠纷，这并不能表明乙国放弃了其管辖豁免。

4. 甲国某公司与乙国驻甲国使馆因办公设备合同产生纠纷，并诉诸甲国法院。如乙国曾接受过甲国法院的管辖，甲国法院即可管辖本案。

5. 甲国某公司与乙国驻甲国使馆因办公设备合同产生纠纷，并诉诸甲国法院。如乙国派代表出庭主张豁免，不意味着其默示接受了甲国的管辖。

［答案］

1. 错误。国有公司与国家是不同的，它只是一个私法人，不享有主权豁免。

2. 正确。

3. 正确。

4. 错误。

5. 正确。

考点 4：国际法上的承认★★★

主体	国家和政府间国际组织。
对象	新国家、新政府、交战团体和叛乱团体。
性质	1. 承认是单方面行为，它表明对事实的接受而不改变被承认者的性质。 2. 承认是一种政治法律行为。 3. 法律承认和事实上的承认。通常所说的承认都是指法律承认。法律承认是认定被承认者作为法律的正式人格存在，是正式的和不可撤销的。事实承认是英美国家采取的，仅承认承认对象出现的事实而又不与之建立全面的关系，事实上的承认是不完全的、非正式的和暂时的，随时可以撤销。
形式	1. 明示承认：正式通知、函电、照会、声明等以明白的语言文字直接表达承认的意思明示方式。
	2. 默示承认： （1）与承认对象建立正式的外交关系； （2）与承认对象缔结正式的政治性条约（如和平友好条约、团结互助条约、共同防御条约）； （3）正式接受领事； （4）正式投票支持参加政府间国际组织。（政府间国际组织与非政府间国际组织的区别：①成员不同：政府与非政府；②建立的法律基础不同：条约和国内法）。
	3. 非承认行为： （1）共同参加多边国际会议或国际条约的谈判； （2）建立非官方或非完全外交性质的某种机构； （3）某些级别和范围的官员接触。

点睛之笔

1. 建交是承认的后果，同时也可以作为默示承认的一种方式。

2. 一个法律上的承认包括紧密联系的两步：

（1）认可新国家新政府出现的事实；

（2）表示愿意与之建立外交关系。而事实承认是英美国家采取的，只有一步，即仅承认承认对象出现的事实而又不与之建立全面的外交关系，因此，也被叫做“半承认”。

最爱考

1. 甲国反政府武装控制该国某地区并宣布建立“众合共和国”，该主张得到乙国政府的支持和承认。乙国的承认使得“众合共和国”成为了独立的国家。

2. 众合共和国是一个新成立的国家。其成立后，甲国代表向联合国大会提案支持其成为联合国的会员国，构成承认。

3. 乙国允许新成立的众合共和国在其首都设立商业旅游服务机构，构成默示承认。

4. 甲、乙两国建立正式外交关系数年后，因两国多次发生边境冲突，甲国宣布终止与乙国的外交关系。此表明，甲国不再承认乙国作为一个国家。

［答案］

1. 错误。承认不改变被承认者的性质。

2. 正确。

3. 错误。

4. 错误。建交即意味着承认，而承认是不可撤销的。因此，建交之后再断交不导致承认的撤销。

考点5：国家的继承★★

条约的继承	继承的：与领土有关的“非人身性条约”（领土边界条约、水利灌溉条约、河流交通条约）。	
	不继承的	1. 人身性条约（中立条约、仲裁条约以及国家同意加入政府间国际组织的条约）。
		2. 政治性条约（如和平友好条约、团结互助条约、共同防御条约）。
非条约事项的继承	国家财产的继承	1. 不动产适用转属原则（随领土）；
		2. 动产适用实际生存原则（与所涉领土生存或活动有关，不仅仅考虑所处的位置）。
	国家档案的继承	1. 有协议依协议解决；
		2. 无协议一般将所涉领土档案转属继承国。
	债务继承	1. 国债和地方化债务予以继承；
		2. 地方债务、国家对私人之债和恶债不予继承。

点睛之笔

国家债务，是指一国对他国或国际组织所负的任何财政义务。实践中，国家债务可具体划分为国债和地方化债务。前者指以国家名义负担且用于整个国家的债务；后者指虽以国家名义负担，但仅用于该国某一部分领土的债务。某一地方当局以自身名义负担且用于地方的债务，即地方债务。

最爱考

甲国分立为“东甲”和“西甲”，“西甲”认为甲国与乙国的划界条约对其不产生效力。

［答案］错误。

一招制敌

地方化债务一般要继承，地方债务一般不继承。地方化债务与地方债务的区别在于：是否以国家的名义对外举债。以国家名义对外举债而用于地方则属于地方化债务。

考点 6：国家不当行为责任★★

<table>
<tr><td rowspan="4">国家不当行为责任</td><td rowspan="2">国家不法行为的要件</td><td>行为可归因于国家</td><td>1. 国家机关的行为。不论该机关是立法、行政、司法或其他机关，或行使的职务是对内或是对外，也不论其在国家结构中处于上级或下级地位。
2. 经授权行使政府权力的其他实体的行为。
3. 实际上代表国家行事的人的行为。
4. 别国或国际组织交与一国支配的机关的行为，视为该支配国的国家行为。
5. 国家机关和国家授权人员的越权或不法行为。
6. 已经和正在组成新国家叛乱运动的行为，被视为已经或正在形成的新国家的行为。</td></tr>
<tr><td>违背国际义务</td><td>1. 对一般国际义务的违背：国际不法行为；
2. 对于保护国际社会根本利益至关紧要的义务的违背，称为国际罪行。</td></tr>
<tr><td>排除行为不法性的情况</td><td colspan="2">1. 受害国同意；
2. 对抗与自卫；
3. 不可抗力和偶然事故；
4. 危难或紧急状态。</td></tr>
<tr><td>国际责任的形式</td><td colspan="2">1. 终止不当行为；
2. 恢复原状；
3. 赔偿；
4. 道歉；
5. 保证不再重犯；
6. 限制主权（最严厉的形式）。</td></tr>
</table>

点睛之笔

1. 对于某些特定人员，其中最典型的是国家元首、政府首脑、外交部长及外交使节，由于其在对外交往中的特殊地位及享有的在外国的特权与豁免，对于他们在国外私人身份的不法行为。除非特别说明，国家一般也承担相关的责任。

2. 一般私人或私人团体本身对外国或外国人的不法侵害不引起国家责任。但是该行为如果由于国家的失职造成，或国家对该行为进行纵容，则可能引起国家对本身失职或放纵行为的责任，此即国家间接责任。

3. 国家不能以其国内法规则来对抗其所承担的国际义务或以国内法规定作为违背国际义务的理由来逃避国际责任。

最爱考

1. 国家元首在国外以私人身份从事的不法行为，除非特别说明，国家一般不承担相关责任。

2. 甲、乙两国签订投资保护条约，该条约至今有效。后甲国政府依本国立法机关通过的一项法律取消了乙国公民在甲国的某些投资优惠，而这些优惠恰恰是甲国按照前述条约应给予乙国公民的。针对甲国的上述做法，甲国如果是三权分立的国家，则甲国政府的上述行为是否引起国家责任在国际法上尚无定论。

3. 外交使节执行职务内事项时越权，国家一般不承担责任。

4. 甲国警察左某宁，因婚姻破裂而绝望，某日持枪向路人射击。甲国警方迅速赶到事发现场，采取措施控制事态并围捕左某宁。左某宁因拒捕被击毙，但左某宁的疯狂射击造成乙国驻甲国参赞戴某死亡。根据国际法的有关规则，就该参赞的死亡，甲国需承担责任。

［答案］

1. 错误。
2. 错误。
3. 错误。
4. 错误。

考点7：国际赔偿责任★

性质	国家从事了国际法不加禁止的行为但给其他国家造成了损害所应承担责任的形式。	
赔偿制度	1. 国家责任制度。由国家承担对外国损害的责任，如《空间物体造成损害的国际责任公约》。	适用于外空探索
	2. 双重责任制度。国家保证营运人的赔偿责任，并在营运人不足的情况下，对规定的限额进行赔偿。如《关于核损害的民事责任的维也纳公约》和《核动力船舶经营人公约》。	适用于核能利用
	3. 营运人赔偿。无论营运人是国家或者私人企业，都由营运人直接承担有限责任。	适用于其他领域

点睛之笔

一般的国家责任是由国家违背国际义务的行为引起的；而国际赔偿责任是国家实施了国际法上不加禁止的行为引起的。

最爱考

甲国某核电站因极强地震引发爆炸后，甲国政府依国内法批准将核电站含低浓度放射性物质的大量污水排入大海。乙国海域与甲国毗邻，根据“污染者付费”原则，只能由致害方，即该核电站所属电力公司承担全部责任。

[答案] 错误。

一招制敌

如火箭、航天飞机、卫星等空间物体造成损害的，由发射国国家承担责任；核损害，双重责任制度，即国家保证营运人赔偿；其余的，营运人承担有限责任。

专题三 PROJECT THREE 国际法上的空间划分

考点8：领土的取得方式★★

<table>
<tr><td rowspan="5">传统方式</td><td>先占</td><td>国家有意识地取得不在任何国家主权下的土地的主权行为。先占须具备两个条件：
1. 对象必须是无主地，即不属于任何国家的土地；
2. 应为“有效占领”。宣示主权并实际控制。</td></tr>
<tr><td>时效</td><td>国家公开地、不受干扰地、长期地占有他国领土，从而获得该土地主权。</td></tr>
<tr><td>添附</td><td>添附指由于自然原因或人造形成新土地的出现而使得国际土地增加。人工添附不能损害他国的利益。</td></tr>
<tr><td>征服</td><td>一国直接以武力占有他国领土的全部或一部分，并将其纳入自己的版图从而取得该土地的主权。</td></tr>
<tr><td>割让</td><td>一国根据条约将部分领土转移给另一国。分为强制割让（非法）和自愿割让（合法）。</td></tr>
<tr><td rowspan="2">现代方式</td><td>殖民地独立</td><td>由于殖民地人民根据民族自决原则从前殖民国或宗主国独立出来成立新国家或加入其他国家而带来的领土变更。</td></tr>
<tr><td>公民投票</td><td>根据有关条约或国内法规定，采取公民投票的方式，对某些有争议地区的归属进行表决，以各方都接受的表决结果决定领土的变更。</td></tr>
</table>

点睛之笔

1. 单纯的发现不能构成先占。
2. 国际法并未确定时效取得的具体时间。
3. 传统的领土取得方式主要用来解决历史遗留问题。
4. 实践中，公民投票方式的采用及其程序、范围和结果的性质等，都取决于相关国家国内法或有关国家间具体协议的规定。

最爱考

1. 甲国结束长期内战，南甲从甲国分离，在南甲的建立上，甲国依法采取“公投”的方式，这种领土的变更是合法的。

2. 乙国因不断填海而使其领土向南延伸，这种以添附形式取得领土的方式，在任何情况下都是合法的。

3. 丙国在几百年前发现了一处岛屿，丙国将其命名，列入丙国版图后，设立了行政管理机构，从未停止对其进行实际控制，这一领土取得方式是基于先占原则。

4. 丁国曾经在七十年前的一场战争中占领了甲国的某个岛屿，两国恢复外交关系后，甲国一直主张丁国归还该岛，但丁国根据时效原则，认为其已经获得了该岛的主权。

5. 戊国囤兵邻国边境，邻国被迫与其签订条约割让部分领土。这是取得领土的合法方式。

[答案]

1. 正确。
2. 错误。
3. 正确。
4. 错误。
5. 错误。

考点 9：界标的维护★

界标的维护：相邻国家对界标的维护负有共同责任。	（1）双方都应采取必要的措施防止界标被移动、损坏和灭失；
	（2）若一方发现界标被移动、损坏和灭失，应尽快通知另一方，在双方代表在场的情况下修复或重建；
	（3）国家有责任对移动和损毁界标的行为给予严厉惩罚。

最爱考

甲、乙两国边界附近爆发部落武装冲突，致两国界标被毁，甲国巡逻队员发现界标被毁可立即修复。

[答案] 错误。

考点 10：河流制度★★

	主权	制度
内河	国家对其内河拥有主权。	外国船舶未经允许不得进入。
界河	多以主航道或河道中心线为界，界河分属沿岸国家的部分为该国的领土。	不能越界捕鱼；相邻国家享有平等的航行权，船舶在航行时应该具有国籍标志。除遇难或有其他特殊情况外，一方船舶未经允许不得在对方靠岸停泊；一方如欲在界水上建造工程设施，应取得另一方同意。
多国河流	多国河流流经各国的河段分别属于各国领土，各国分别对位于其领土的一段拥有主权。	一般都应由有关国家协议解决，对沿岸国开放，而对非沿岸国船舶未经许可不得航行。不得使河流改道或堵塞河流。
国际河流	通过条约规定对所有国家开放航行的多国河流。国际河流流经各国领土的河段仍然是该国主权下的领土。	国际河流一般允许所有国家的船舶特别是商船无害航行。
国际运河	位于一国领土内的运河属一国内河，处于该国主权管辖范围。	通过有关的条约确立，一般对所有国家开放。

点睛之笔

相邻各国都可以对界河加以适当利用，但须遵循不得损害邻国利益的原则。

最爱考

1. 多国河流和国际河流的各流经国不得有害地利用该河流，不得使河流改道或堵塞河流。

2. 渔民捕鱼通常仅限于在界河的本国一侧。

3. 相邻国家在界河上享有平等的航行权，船舶在航行时应该具有明显的国籍标志，除遇难或有其他特殊情况外，一方船舶未经允许不得在对方靠岸停泊。

4. 一方如欲在界河上建造工程设施，如桥梁、堤坝、灯塔等，应取得另一方的同意。

5. 国际河流性质决定了其属于人类共同的财产。

6. 多国河流和国际河流流经各国的河段分别属于各国领土。

［答案］

1. 正确。

2. 正确。

3. 正确。

4. 正确。

5. 错误。

6. 正确。

一招制敌

多国河流一般对流经国开放，而国际河流一般对所有国家开放。

考点 11：两极地区★

南极地区	根据《南极条约》，南极地区法律制度的主要内容： 1. 南极只用于和平目的； 2. 科学考察自由，鼓励科研合作； 3. 领土要求冻结，不得提出新的或扩大领土要求，《南极条约》不构成对任何现有的对南极领土主张的支持或否定，条约有效期间进行的任何活动也不构成主张支持或否定对南极领土要求的基础； 4. 维持南极地区水域的公海制度； 5. 保护南极环境与资源。
北极地区	除少数国家领土外，北极地区主要部分是北冰洋，北冰洋大部分适用公海法律制度。

点睛之笔

冻结对南极的领土要求。包括三点内容：

（1）对南极领土不得提出新的或扩大领土要求；

（2）《南极条约》不构成对任何现有的对南极领土主张的支持或否定；

（3）条约有效期间进行的任何活动也不构成主张支持或否定对南极领土要求的基础。

考点 12：领海和毗连区★★

1. 领海法律制度

<table>
<tr><td>划界</td><td colspan="2">一国领海基线以外毗邻一国领陆或内水的一定宽度的海水带。领海的宽度不得大于从基线起 12 海里。</td></tr>
<tr><td rowspan="2">法律性质</td><td colspan="2">领海水体及其上空和底土都处于沿海国的主权之下。</td></tr>
<tr><td colspan="2">外国船舶在领海中享有无害通过权。</td></tr>
<tr><td rowspan="6">无害通过权</td><td rowspan="3">三个条件</td><td>（1）仅适用于船舶，不适用于飞机。外国潜水艇，必须浮出海面航行，并展示其旗帜。外国军舰在我国领海上不享有无害通过权。</td></tr>
<tr><td>（2）必须对沿海国无害。一般下列行为被认为是有害的：武装演习、收集情报、起落飞机、污染行为以及捕鱼活动等。</td></tr>
<tr><td>（3）连续不断。</td></tr>
<tr><td>一个结果</td><td>如果符合上述三个条件，外国船舶可以不经沿海国许可也无须通知沿海国即可通过其领海。</td></tr>
<tr><td>沿海国的权利</td><td>沿海国为了维护其秩序及权益，保证无害通过的顺利进行：
（1）可以制定有关无害通过的相关法规；
（2）可以规定海道包括对油轮、核动力船等船舶实行分道航行制；
（3）为国家安全，在必不可少时可在特定水域暂停无害通过。对于军用船舶是否享有无害通过权，各国的实践并不一致。有的国家（如我国）就规定政府公务船舶和军舰不享有无害通过权。</td></tr>
<tr><td>沿海国的义务</td><td>一国不得强加实际后果等于取消或损害无害通过的要求：
（1）不应对各国船舶有所歧视；
（2）不得仅以通过领海为由向外国船舶征收费用；
（3）对航行危险的情况应妥为公布。</td></tr>
</table>

2. 毗连区法律制度

<table>
<tr><td>划界</td><td>领海以外毗邻领海，从领海基线量起不得超过 24 海里。</td></tr>
<tr><td rowspan="2">法律性质</td><td>（1）国家对之不享有主权，只是在毗连区范围行使特定的管制权，且管制不包括其上空。</td></tr>
<tr><td>（2）其他性质取决于其所依附的海域。国家设立专属经济区的，其是专属经济区的特殊区域。</td></tr>
<tr><td rowspan="2">沿海国权利</td><td>（1）制定防止在其领土或领海内违反其海关、财政、移民或卫生的法律。</td></tr>
<tr><td>（2）惩处在其领土或领海内违反上述法规的行为。</td></tr>
</table>

点睛之笔

1. 外国潜水艇和其他潜水器通过领海时必须浮出海面航行，并展示其旗帜。

2. 一般下列行为被认为是有害的：武装演习、收集情报、起落飞机、污染行为以及捕鱼活动等。

3. 连续不断要求不是绝对的，救助海上人命及财产、应对海难等，可以中断。

4. 毗连区不是国家领土，国家对毗连区不享有主权，只是在毗连区范围对海关、财政、移民和卫生等特定事项进行管制，而且国家对于毗连区的管制不包括其上空。

最爱考

1. 甲国“阳光”号科考船在乙国领海进行测量活动是违反无害通过的。

2. 甲国可以对通过其领海的外国船舶征收费用。

3. 乙国“众合”号油轮通过甲国领海，甲国有关对油轮实行分道航行的规定是对“众合”号的歧视。

［答案］

1. 正确。

2. 错误。

3. 错误。

考点 13：专属经济区和大陆架★★★

	专属经济区	大陆架
划界	领海以外，从领海基线量起不得超过 200 海里的水域。	大陆架是指其领海以外依其陆地领土的全部自然延伸，扩展到大陆边外缘的海底区域的海床和底土。不足 200 海里，扩展到 200 海里；超过 200 海里，则不得超出从领海基线量起 350 海里，或不超出 2500 米等深线 100 海里。
法律性质	1. 沿海国对于专属经济区不拥有领土主权，只享有某些主权权利；	1. 大陆架不是沿海国领土，但是国家在此享有某些排他性的主权权利；
	2. 专属经济区需要沿海国以某种形式宣布建立并说明其宽度。	2. 大陆架上的权利是沿海国所固有的，不需占领或公告。
沿海国权利义务	1. 沿海国的专属权利： （1）沿海国拥有勘探开发、养护和管理自然资源的权利； （2）沿海国对建造和使用人工岛屿和设施，海洋科学研究，海洋环境保护事项拥有管辖权； （3）为行使上述权利，沿海国可以制定与公约规定一致的专属经济区法规。	1. 沿海国对大陆架的专属权利与沿海国在专属经济区的专属权利内容接近；

续表

	专属经济区	大陆架
沿海国权利义务	2. 沿海国在对于外国船舶违法行为采取措施时，应遵行以下规则： (1) 对于被捕的船只及其船员，在其提出适当的保证书或担保后，应迅速予以释放； (2) 沿海国对于在专属经济区内仅违反渔业法规的处罚，如有关国家间无相反的协议，不得包括监禁或任何形式的体罚； (3) 在逮捕或扣留外国船只时，沿海国应通过适当途径将所采取措施和随后进行的处罚迅速通知船旗国。	2. 沿海国在大陆架活动应遵守的规则： (1) 对大陆架的权利不影响其上覆水域或水域上空的法律地位。 (2) 开发 200 海里以外大陆架的非生物资源，应通过国际海底管理局并缴纳一定的费用或实物。
其他国家权利	1. 航行和飞越的自由； 2. 铺设海底电缆和管道的自由（线路的划定须经沿海国同意）。	铺设海底电缆和管道的自由（线路的划定须经沿海国同意）。

点睛之笔

假设一国宣告了 12 海里宽度的领海，宣告专属经济区的最外围宽度为从领海基线量起 200 海里。则其专属经济区实际宽度为 200－12＝188（海里）。领海以外，领海基线量起 200 海里线以内的部分才是专属经济区。

最爱考

1. 专属经济区的自然资源包括生物和非生物资源，中国对我国专属经济区和大陆架上的人工岛屿行使领土主权。

2. 他国的船舶和飞机不得在中国的专属经济区航行和飞越。

3. 沿海国在专属经济区逮捕或扣留外国船只后有权采取处罚措施，并不必通知船旗国。

4. 他国在中国的专属经济区和大陆架有铺设海底电缆和管道的自由，但线路须经我国同意。

5. 甲国可在其专属经济区海面搭建风力发电装置。

6. 根据《海洋法公约》，甲国可自由拆除乙国在甲国海底铺设的海底电缆并回收。

7. 根据《海洋法公约》，甲国可击落其专属经济区上空的丙国无人机。

8. 甲国的大陆架不必限定在 200 海里以内，范围可以延伸到 350 海里处。甲国若开发 200 海里以外的非生物资源要向国际海底管理局缴纳一定比例费用或实物。

［答案］

1. 错误。
2. 错误。
3. 错误。
4. 正确。
5. 正确。
6. 错误。
7. 错误。
8. 正确。

一招制敌

专属经济区与大陆架的区别：

（1）专属经济区只包括水域，不含底土；而大陆架仅仅指海床和底土。

（2）专属经济区最多到领海基线量起 200 海里，其最外围界限最多是领海基线计算 200 海里；而大陆架最少也会达到领海基线起算 200 海里，还有可能达到领海基线起算 350 海里。这就意味着大陆架的宽度很有可能超过 200 海里，而专属经济区的宽度不可能超过 200 海里。

（3）专属经济区只有经过宣告，沿海国才可在其上水域享有主权性权利；而大陆架是沿海国自然的固有的权利，无须宣告即可享有。

考点 14：公海和国际海底区域★★

1. 公海上的管辖权（除了内海、领海、专属经济区和群岛水域以外的海域就是公海）

一、类型	二、基本概念	三、适用条件
1. 船旗国管辖	国家对于公海上悬挂其旗帜的船舶以及船舶上的人、物、事件的管辖。	一般原则：船舶内部事务，一般地应遵行船旗国国内法。
2. 普遍管辖	对发生在公海的特定国际罪行，各国都可行使管辖权。	这类罪行包括：（1）海盗行为；（2）非法广播；（3）贩运奴隶和贩运毒品。
3. 登临权	一国的军舰、军用飞机或其他得到正式授权、有清楚标志可识别的政府船舶或飞机，对公海上的外国船舶，有合理根据认为其从事不法情况时，拥有登船检查及采取相关措施的权利。	（1）主体：一国的军舰、军用飞机或其他得到正式授权、有清楚标志可识别的政府船舶或飞机。 （2）对象：公海上的外国船舶。军舰等享有豁免权。 （3）适用情形：①海盗；②贩奴；③非法广播；④船舶无国籍；⑤虽然该船悬挂外国旗或拒不展示船旗，但事实上与该军舰属于同一国籍。 （4）后果：登临错误，对被临检船造成的损失或损害，临检国承担国际责任。

续表

类型	基本概念	适用条件
4. 紧追权	沿海国拥有对违反其法规并从该国管辖范围内的海域向公海行驶的外国船舶进行追逐的权利。	（1）主体：军舰、军用飞机或政府船舶或飞机从事。
		（2）对象：从该国管辖范围内的海域向公海行驶的外国违法船舶。
		（3）规则： ①可以开始于内水、领海、毗连区或专属经济区； ②发出视觉或听觉的停止信号后，才可开始； ③必须是连续不断地； ④被紧追船舶进入其本国或第三国领海时立即终止。

2. 国际海底区域。

划界	国际海底区域指国家管辖范围以外的海床、洋底及其底土。
制度	区域及其自然资源是人类共同继承财产，区域内资源开发采取“平行开发制”，指：一方面由海底局企业部进行；另一方面由缔约国有效控制的自然人或法人与海底局以合作的方式进行。

点睛之笔

1. 登临权、紧追权的行使主体限于一国的军舰、军用飞机或其他得到正式授权、有清楚标志可识别的政府船舶或飞机。

2. 公海之下的底土并不一定是国际海底区域，而国际海底区域之上的水域一定是公海。因为公海之下的底土有可能是沿海国的大陆架。

最爱考

1. 普通的商船不能行使登临权。

2. 乙国军舰 A 发现甲国渔船在乙国领海走私，立即发出信号开始紧追，渔船随即逃跑。当 A 舰因机械故障被迫返航时，令乙国另一艘军舰 B 在渔船逃跑必经的某公海海域埋伏。A 舰返航半小时后，渔船出现在 B 舰埋伏的海域。依《联合国海洋法公约》及相关国际法规则，乙国的上述行为是合法的。

3. 甲国商船未经乙国允许，在乙国领海内从事渔业捕捞活动后离开，乙国商船从领海开始紧追。

4. 甲国船舶在乙国领海内进行情报监听，被乙国军舰发觉即从领海开始紧追，追至公海未停止继续连续紧追。

5. 甲国商船在乙国领海内从事走私，被乙国军舰发觉后进行紧追，甲国船舶驶入丙国领海时，乙国军舰停止紧追。

6. 甲国人张某侵吞中国某国企驻甲国办事处的大量财产。根据中国和甲国的法律，张某的行为均认定为犯罪。中国与甲国没有司法协助协定。张某乘甲国商船逃至公海时，中国可派员在公海将其缉拿。

[答案]

1. 正确。

2. 错误。紧追必须连续不停地进行，不得中断。

3. 错误。

4. 正确。

5. 正确。

6. 错误。公海上的船旗国管辖、普遍管辖、登临权和紧追权均系对外国违法船舶采取措施的权利。甲国人张某侵吞中国某国企驻甲国办事处的大量财产，对该行为，我国有管辖权。但是，张某已乘甲国商船逃至公海，甲国商船本身并未从事违法行为，故中国无权派员在公海将其缉拿。

考点15：群岛水域★★

划界	它是群岛国的群岛基线所包围的内水之外的海域。	
法律性质	1. 群岛国对其群岛水域包括其上空和底土拥有主权。	
	2. 群岛国从群岛基线量出其领海、毗连区、专属经济区、大陆架等区域。	
航行制度	无害通过制度	所有国家的船舶享有无害通过权。
	群岛通道	群岛国指定适当的海道和其上的空中航道，以便其他国家的船舶或飞机连续不停地迅速通过或飞越其群岛水域及其领海。

点睛之笔

1. 群岛国划定群岛基线不能明显偏离群岛轮廓，不能将其他国家的领海与公海或专属经济区隔断。

2. 群岛国的领水包括其内水、群岛水域及其领海三部分。

3. 无害通过与群岛海道通过制度的区别在于：

(1) 无害通过适用于整个群岛水域，而群岛海道通过制度的通道是由群岛国指定的；

(2) 无害通过仅限于在群岛水域上享有相应的权利，而群岛海道通过制度包括海道和其上的空中通道；

(3) 无害通过制度仅适用于外国船舶，不适用于外国飞机，而后者既适用于其他国家的船舶，也适用于其他国家的飞机。

最爱考

1. 群岛水域的划定不妨碍群岛国可以按照《联合国海洋法公约》划定内水，及在其群岛基线之外划定领海、毗连区、专属经济区和大陆架。

2. 群岛国对其群岛水域包括其上空和底土拥有主权。

3. 所有国家的船舶享有除群岛国内水以外的群岛水域的无害通过权。

4. 群岛国可以指定适当的海道和其上的空中通道，以便指定特定国家的船舶或飞机连续不停地迅速通过或飞越其群岛水域及其领海。

[答案]

1. 正确。

2. 正确。

3. 正确。

4. 错误。不是指定国家。

考点 16：国际航空法★★

<table>
<tr><td rowspan="4">一、领空主权，国家对其领空拥有完全的和排他的主权</td><td colspan="2">1. 外国航空器进入国家领空需经该国许可并遵守其法律。</td></tr>
<tr><td colspan="2">2. 对于非法入境的外国民用航空器，国家可以要求其终止此类侵犯立即离境或要求其在指定地点降落等，但不得危及航空器内人员的生命和航空器的安全，避免使用武器。</td></tr>
<tr><td colspan="2">3. 国家有权制定外国航空器入境离境和在境内飞行的规章制度，各国可以指定外国航空器降停的设关机场。</td></tr>
<tr><td colspan="2">4. 国家保留国内航线专属权，一国为安全及军事需要有权在其领土中划定某些禁区。</td></tr>
<tr><td rowspan="2">二、针对危害民航安全的罪行</td><td>1. 管辖权</td><td>普遍管辖。</td></tr>
<tr><td>2. 引渡规则</td><td>或引渡或起诉原则。</td></tr>
</table>

点睛之笔

1. 普遍管辖，即下列国家均拥有对于危害民航安全罪行的管辖权：航空器登记国；航空器降落地国，当犯罪嫌疑人仍在航空器内；承租人的营业地国或常住地国，当航空器是不带机组的出租；嫌疑人所在国；嫌疑人国籍国或永久居所国；犯罪行为发生地国；罪行后果涉及国，包括受害人国籍国或永久居所国、后果涉及领土国、罪行危及其安全的国家；根据本国法行使管辖权的其他国家。

2. 危害民航安全罪行是一种可引渡的罪行，但各国没有强制引渡的义务。国家可以依据引渡协议或国内法决定是否予以引渡。如果嫌疑人所在国没有相关协议引渡义务，并决定不予引渡，则应在本国作为严重的普通刑事案件进行起诉，使此种行为受到惩处。此即“或引渡或起诉”原则。

最爱考

1. 乘坐乙国航空公司航班的甲国公民，在飞机进入丙国领空后实施劫机，被机组人员制服后交丙国警方羁押。甲、乙、丙三国均为 1963 年《东京公约》、1970 年《海牙公约》及 1971 年《蒙特利尔公约》缔约国。据此，甲乙丙三国对该劫机行为均有管辖权。

2. 甲国某航空公司国际航班在乙国领空被乙国某公民劫持，后乙国将该公民控制，并拒绝了甲国的引渡请求。两国均为 1971 年《关于制止危害民用航空安全的非法行为的公约》等三个国际民航安全公约缔约国。对此，乙国既然决定不予引渡，则应对之进行刑事审判。

［答案］

1. 正确。
2. 正确。

考点 17：外层空间主要法律制度★

<table>
<tr><td rowspan="3">登记制度（《登记协定》）</td><td>双登记：发射国和联合国秘书长都要登记。</td></tr>
<tr><td>由两个以上发射国发射，应由其共同决定其中的一个国家进行登记。</td></tr>
<tr><td>登记国对该外空物体拥有所有权。</td></tr>
</table>

续表

<table>
<tr><td rowspan="6">责任制度（《责任公约》）</td><td colspan="2">损害赔偿应由该物体的发射国承担。发射国包括：
1. 实施发射的国家；
2. 促使发射的国家；（指为发射提供了资金或技术的国家。）
3. 为发射提供领土的国家。</td></tr>
<tr><td rowspan="3">归责原则</td><td>1. 绝对责任："空对地"。</td></tr>
<tr><td>2. 过错责任："空对空"。</td></tr>
<tr><td>3. 绝对或过错责任：
（1）"空←→空"对地，前两国承担共同的绝对责任；
（2）"空←→空"对空，则前两国依各自的过错承担相应的责任。</td></tr>
<tr><td colspan="2">《责任公约》不适用的情况：
1. 该国的国民；
2. 在空间物体从发射至降落的任何阶段内参加操作的外国公民；
3. 应发射国的邀请而留在紧接预定发射或回收区的外国公民。</td></tr>
</table>

点睛之笔

1. 不得据为己有原则是外层空间法的一项基本原则。其指任何国家、国际组织和个人不得将月球和月球以外的其他天体据为己有。

2. "空对地"，绝对责任。此处的"空"特指发射国发射的外层空间物体；此处的"地"包括地面上的行人财产和飞行中的民航飞机。此处的"绝对责任"相当于民商法上讲的无过错责任。

最爱考

1. 甲、乙合作研发，共同发射"神行者"火星探测飞船。两国约定该飞船在甲国进行登记，同时在联合国秘书长处进行相应的登记。据此，甲乙两国都为该飞船的发射国，而飞船的登记国则为甲国，甲国对飞船拥有所有权和管辖权。

2. 甲国"星球一号"卫星发射成功，其为技术保密可不向联合国办理登记。

3. 甲国航天公司发射"星球一号"卫星，给他国造成人员和财物损失，因"星球一号"由甲国的非政府实体发射，甲国不承担国际责任。

4. 甲国对其发射的"星球一号"卫星碎片造成的他国民航飞机损失应承担绝对责任。

5. 甲国发射卫星，因发射失败卫星碎片造成甲国人员和财物损失。则该损害不适用《责任公约》。

[答案]

1. 正确。
2. 错误。
3. 错误。
4. 正确。
5. 正确。

国际法上的个人 专题四

PROJECT FOUR

考点 18：中国国籍制度★★★

<table>
<tr><td>不承认双重国籍原则</td><td colspan="2">申请加入中国国籍获得批准的，不得再保留外国国籍；尚具有中国国籍，取得的外国国籍不被承认。</td></tr>
<tr><td rowspan="4">中国国籍因出生而取得</td><td rowspan="3">具有中国国籍</td><td>1. 父母双方或一方为中国公民，本人出生在中国的。</td></tr>
<tr><td>2. 父母双方或一方为中国公民，本人出生在外国的。</td></tr>
<tr><td>3. 父母无国籍或国籍不明的，定居在中国，本人出生在中国的。</td></tr>
<tr><td>不具有中国国籍</td><td>本人出生在外国，父母双方或一方为中国公民并定居在外国，本人出生在外国时即具有外国国籍的。</td></tr>
<tr><td>防止与消除无国籍原则</td><td colspan="2">无国籍人可以申请加入中国国籍，父母无国籍或国籍不明的，定居在中国，本人出生在中国，具有中国国籍。</td></tr>
<tr><td rowspan="3">中国国籍的丧失</td><td>自动丧失</td><td>定居外国的中国公民，自愿加入或取得外国国籍的。</td></tr>
<tr><td>申请后经批准退出</td><td>中国公民具有下列条件之一的，可以经申请批准退出中国国籍：
1. 外国人的近亲属；
2. 定居在外国的；
3. 有其他正当理由。
申请退出中国国籍获得批准的，即丧失中国国籍。</td></tr>
<tr><td>不得申请退籍的</td><td>国家工作人员和现役军人。</td></tr>
<tr><td>自愿申请与审批相结合的原则</td><td colspan="2">中国国籍的取得、丧失和恢复，除我国《国籍法》第 9 条规定的以外，必须办理申请手续。受理国籍申请的机关，在国内为当地市、县公安局，在国外为中国外交代表机关和领事机关。加入、退出和恢复中国国籍的申请，由中华人民共和国公安部审批。经批准的，由公安部发给证书。</td></tr>
</table>

点睛之笔

1. 一个人是否具有一国国籍，要根据该国国内法判断。

2. 华侨是指定居在国外的中国公民。

3. 根据不承认双重国籍原则，一个自然人按中国国籍法判断，国籍只有三种情况：一是中国人；二是外国人；三是无国籍人。法律上没有既是中国人又是外国人的情况。

4. 中国人所生之子女，须同时具备以下三个条件，才不具有中国国籍：

（1）父母双方或一方为中国公民并定居在外国；

（2）本人出生在国外；

（3）本人出生时即具有外国国籍的。

5. 自动丧失中国国籍，须同时满足两个条件：

（1）定居外国的中国公民；

（2）自愿加入或取得外国国籍。

6. 定居国外的中国公民要求回国定居的，应当在入境前向我国驻外使馆、领馆或者外交部委托的其他驻外机构提出申请，也可以由本人或者经由国内亲属向拟定居地的县级以上地方人民政府侨务部门提出申请。

7. 定居国外的中国公民在中国境内办理金融、教育、医疗、交通、电信、社会保险、财产登记等事务需要提供身份证明的，可以凭本人的护照证明其身份。

最爱考

1. 甲的父母均为中国人，在上海工作居住，在南美某国旅行期间生下甲，则甲具有中国国籍。

2. 乙的父母均为中国人，但定居在美国，乙在美国出生时其取得了美国国籍，则乙不具有中国国籍。

3. 丙为中国人，在中国居住生活，通过旅行签证进入欧洲某国时宣布退出中国国籍并申请取得了某欧洲国籍，根据我国法律，丙仍然具有中国国籍。

4. 丁本为在南亚某国的华侨，后取得了该国国籍，丁仍然具有中国国籍。

5. 中国公民李某（某中国国家机关公务员）与俄罗斯公民莎娃结婚后，其可申请退出中国国籍。

[答案]

1. 正确。

2. 正确。

3. 正确。

4. 错误。

5. 错误。

考点 19：《出境入境管理法》之外国人★★★

办理签证和入境	1. 办理签证。 （1）外国人入境办理签证机关：一般为驻外签证机关、特殊为口岸签证机关。 （2）可以免办签证情形： ①根据中国政府与其他国家政府签订的互免签证协议，属于免办签证人员的； ②持有效的外国人居留证件的； ③持联程客票搭乘国际航行的航空器、船舶、列车从中国过境前往第三国或者地区，在中国境内停留不超过 24 小时且不离开口岸，或者在国务院批准的特定区域内停留不超过规定时限的； ④国务院规定的可以免办签证的其他情形。

续表

办理签证和入境	（3）外国人有下列情形之一的，不予签发签证：（《出境入境管理法》第 21 条：被驱逐、遣送未满期的，患精核传染病的，虚假没钱的，不能交材料的，公犯） ①被处驱逐出境或者被决定遣送出境，未满不准入境规定年限的； ②患有严重精神障碍、传染性肺结核病或者有可能对公共卫生造成重大危害的其他传染病的； ③可能危害中国国家安全和利益、破坏社会公共秩序或者从事其他违法犯罪活动的； ④在申请签证过程中弄虚作假或者不能保障在中国境内期间所需费用的； ⑤不能提交签证机关要求提交的相关材料的； ⑥签证机关认为不宜签发签证的其他情形。 对不予签发签证的，签证机关可以不说明理由。
	2. 入境。 （1）外国人入境，应当向出入境边防检查机关交验本人的护照或者其他国际旅行证件、签证或者其他入境许可证明，履行规定的手续，经查验准许，方可入境。 （2）外国人有下列情形之一的，不准入境： ①未持有效出境入境证件或者拒绝、逃避接受边防检查的；（无证、拒逃检查的） ②具有《出境入境管理法》第 21 条第 1 款第（1）项至第（4）项规定情形的；（被驱逐、遣送未满期的，患精核传染病的，虚假没钱的，公犯。） ③入境后可能从事与签证种类不符的活动的；（活动可能不符签证的） ④法律、行政法规规定不准入境的其他情形。 对不准入境的，出入境边防检查机关可以不说明理由。
停留居留	1. 外国人在中国境内停留居留，不得从事与停留居留事由不相符的活动，并应当在规定的停留居留期限届满前离境。
	2. 外国人在中国境内旅馆住宿的，旅馆应当按照旅馆业治安管理的有关规定为其办理住宿登记，并向所在地公安机关报送外国人住宿登记信息。
	3. 外国人在旅馆以外的其他住所居住或者住宿的，应当在入住后 24 小时内由本人或者留宿人，向居住地的公安机关办理登记。
就业	1. 外国人在中国境内工作，应当按照规定取得工作许可和工作类居留证件。任何单位和个人不得聘用未取得工作许可和工作类居留证件的外国人。
	2. 持学习类居留证件的外国人需要在校外勤工助学或者实习的，应当经所在学校同意后，向公安机关出入境管理机构申请居留证件加注勤工助学或者实习地点、期限等信息。持学习类居留证件的外国人所持居留证件未加注前款规定信息的，不得在校外勤工助学或者实习。
	3. 非法就业情形： （1）未按照规定取得工作许可和工作类居留证件在中国境内工作的； （2）超出工作许可限定范围在中国境内工作的； （3）外国留学生违反勤工助学管理规定，超出规定的岗位范围或者时限在中国境内工作的。

续表

<table>
<tr><td rowspan="1">出境</td><td>不准出境情形：（刑民劳行）
1. 被判处刑罚尚未执行完毕或者属于刑事案件被告人、犯罪嫌疑人的，但是按照中国与外国签订的有关协议，移管被判刑人的除外；
2. 有未了结的民事案件，人民法院决定不准出境的；
3. 拖欠劳动者的劳动报酬，经国务院有关部门或者省、自治区、直辖市人民政府决定不准出境的；
4. 法律、行政法规规定不准出境的其他情形。</td></tr>
<tr><td rowspan="3">遣返</td><td>1. 可以遣送出境情形：（“三非”外国人+“赖着不走的”）
（1）被处限期出境，未在规定期限内离境的；
（2）有不准入境情形的；
（3）非法居留、非法就业的；
（4）违反本法或者其他法律、行政法规需要遣送出境的。</td></tr>
<tr><td>2. 被遣送出境的人员，自被遣送出境之日起一至五年内不准入境。</td></tr>
<tr><td>3. 遣送出境等措施，由县级以上地方人民政府公安机关或者出入境边防检查机关实施。</td></tr>
</table>

点睛之笔

1. 出于人道原因需要紧急入境，应邀入境从事紧急商务、工程抢修或者具有其他紧急入境需要并持有有关主管部门同意在口岸申办签证的证明材料的外国人，可以在国务院批准办理口岸签证业务的口岸，向公安部委托的口岸签证机关申请办理口岸签证。旅行社按照国家有关规定组织入境旅游的，可以向口岸签证机关申请办理团体旅游签证。

2. 遣返外国人包括限期出境、遣送出境和驱逐出境三种情况，针对的外国人的违法程度逐渐增大。

3. 遣送出境与驱逐出境的区别：

（1）性质不同：前者为行政强制措施，后者为行政处罚或刑罚的一种。

（2）适用的条件不同：根据《出境入境管理法》规定，外国人违反本法规定，情节严重，尚不构成犯罪的，公安部可以处驱逐出境。《刑法》规定，对于犯罪的外国人，可以独立适用或者附加适用驱逐出境。

最爱考

1. 外国人入境，必须向中国驻外签证机关申请办理签证。

2. 甲国公民杰克申请来中国旅游，如杰克患有可能对公共卫生造成重大危害的某种传染病，中国签证机关不予签发其签证。

3. 甲国公民汤姆申请来中国旅游，如汤姆入境后可能危害中国国家安全和利益，中国出入境边防检查机关可不准许其入境，但须说明理由。

4. 持联程客票搭乘国际航行的航空器过境前往第三国或者地区，在中国境内停留不超过24小时且不离开口岸，可以免办签证，搭乘邮轮过境的则不可以。

5. 外国人在旅馆以外的其他住所居住或者住宿的，应当在入住后 48 小时内由本人或者留宿人，向居住地的公安机关办理登记。

6. 马萨是一名来华留学的甲国公民，如马萨留学期间发现就业机会，即可兼职工作。

7. 甲国公民汉斯是因公务来华的外国人，若汉斯有尚未了结的民事案件，边检机关即可限制其出境。

8. 对外国人采取当场盘问、继续盘问、拘留审查、限制活动范围、遣送出境等措施，由县级以上地方人民政府公安机关或者出入境边防检查机关实施。

9. 王某是定居美国的中国公民，2019 年 10 月回国为父母购房。根据我国相关法律规定，王某回中国需要办理签证，其办理所购房产登记需提供身份证明的，可凭其护照证明其身份。

[答案]

1. 错误。
2. 正确。
3. 错误。
4. 错误。
5. 错误。24 小时内。
6. 错误。
7. 错误。
8. 正确。
9. 错误。中国人回中国不需要办理签证。

考点 20：外交保护★

概念	一国国民在外国受到不法侵害，且依该外国法律程序得不到救济时，其国籍国可以通过外交方式要求该外国进行救济或承担责任，以保护其国民或国家的权益。
性质	1. 外交保护主要是国家属人管辖权的重要体现； 2. 外交保护是在国家之间进行的； 3. 是否向外国提出外交保护，是国家的权利； 4. 国家行使外交保护权要尊重外国的主权和属地管辖权。
条件	1. 一国国民权利受到侵害是由于所在国的国家不当行为所致； 2. 国籍持续； 3. 用尽当地救济。

点睛之笔

在提出外交保护之前，受害人必须用尽当地法律规定的一切可以利用的救济办法，包括行政和司法救济手段。在这些手段用尽之后仍未得到合理救济时，才可以提出外交保护。

最爱考

1. 外交保护是基于保护性管辖权。

2. 只有海外国民做出请求时，国籍国才可以作出行使外交保护权的决定。

3. 国家就其国内法来说，有保护其公民利益的职责，因此是否向外国提出外交保护，是国家的义务。

4. 甲国公民詹某在乙国合法拥有一栋房屋。乙国某公司欲租用该房屋，被詹某拒绝。该公司遂强行占用该房屋，并将詹某打伤。甲国据此即可对乙国行使外交保护权。

［答案］

1. 错误。
2. 错误。
3. 错误。
4. 错误。

考点21：引渡★★★

1. 国际法上的引渡

引渡的一般规则	1. 引渡的概念	一国将处于本国境内的被外国指控为犯罪或已经判刑的人，应该外国的请求，送交该外国审判或处罚的一种国际司法协助行为。
	2. 引渡的主体	引渡的主体是国家，引渡是在国家之间进行的。无条约情况下，国家一般没有引渡的义务。
	3. 引渡的对象	引渡的对象是请求国指控为犯罪或被其判刑的人。“本国国民不引渡”。
	4. 可引渡的罪行	（1）“双重犯罪原则”，被请求引渡人的行为必须是请求国和被请求国的法律都认定的犯罪。 （2）“政治犯不引渡原则”。
	5. 引渡的效果	（1）请求国只能就其请求引渡的特定犯罪行为对该被引渡人进行审判或处罚，即“罪名特定原则”。 （2）如果以其他罪名进行审判或将被引渡人转引给第三国，则一般应经原引出国的同意。

2. 中国的引渡制度

被动引渡（外国向我国请求引渡）	必要条件	（1）引渡请求所指的行为，依照我国法律和请求国法律均构成犯罪； （2）为了提起刑事诉讼而请求引渡的，根据我国法律和请求国法律，对于引渡请求所指的犯罪均可判处1年以上有期徒刑或者其他更重的刑罚；为了执行刑罚而请求引渡的，在提出引渡请求时，被请求引渡人尚未服完的刑期至少为6个月。

续表

被动引渡（外国向我国请求引渡）	应当拒绝的	（1）根据我国法律，被请求引渡人具有中国国籍的； （2）在收到引渡请求时，我国的司法机关对于引渡请求所指的犯罪已经作出生效判决，或者已经终止刑事诉讼程序的； （3）因政治犯罪而请求引渡的，或者我国已经给予被请求引渡人受庇护权利的； （4）被请求引渡人可能因其种族、宗教、国籍、性别、政治见解或者身份等方面的原因而被提起刑事诉讼或者执行刑罚，或者被请求引渡人在司法程序中可能由于上述原因受到不公正待遇的； （5）根据我国或者请求国法律，引渡请求所指的犯罪纯属军事犯罪的； （6）根据我国或者请求国法律，在收到引渡请求时，由于犯罪已过追诉时效期限或者被请求引渡人已被赦免等原因，不应当追究被请求引渡人的刑事责任的； （7）被请求引渡人在请求国曾经遭受或者可能遭受酷刑或者其他残忍、不人道或者有辱人格的待遇或者处罚的； （8）请求国根据缺席判决提出引渡请求的。但请求国承诺在引渡后对被请求引渡人给予在其出庭的情况下进行重新审判机会的除外。
	可以拒绝的	（1）我国对于引渡请求所指的犯罪具有刑事管辖权，并且对被请求引渡人正在进行刑事诉讼或者准备提起刑事诉讼的； （2）由于被请求引渡人的年龄、健康等原因，根据人道主义原则不宜引渡的。
主动引渡（我国向外国请求引渡）	被请求国就准予引渡附加条件的，对于不损害我国主权、国家利益、公共利益的，可以由外交部代表中国政府向被请求国作出承诺。对于限制追诉的承诺，由最高人民检察院决定；对于量刑的承诺，由最高人民法院决定。公安机关负责接收外国准予引渡的人以及与案件有关的财物。在对被引渡人追究刑事责任时，司法机关应当受所作出的承诺的约束。	

根据《引渡法》，外国向我国请求引渡的程序如下：

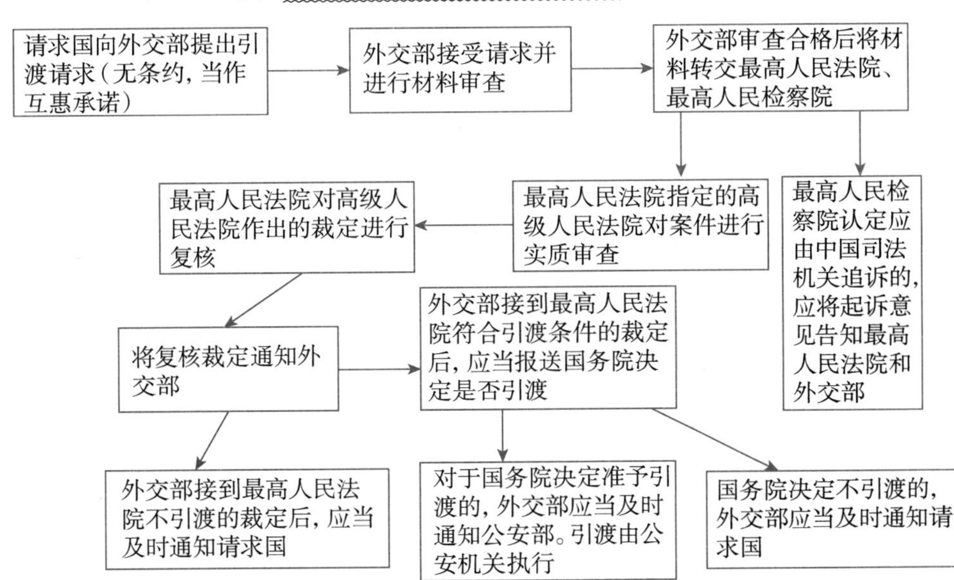

最爱考

1. 为打击跨国犯罪，国家一般应该引渡。

2. 引渡的对象是请求国指控其犯罪或被请求国判刑的人，一般只能是请求国人。

3. 甲国人任盈盈在乙国旅游期间，乙国经丙国的申请对任盈盈采取了强制措施，之后丙国请求乙国引渡任盈盈。根据双重犯罪原则，如果任盈盈的行为只在丙国构成犯罪，乙国应当拒绝引渡。

4. 请求国以盗窃罪将犯罪嫌疑人引渡回国后，对之应以盗窃罪进行起诉和审判。如果以强奸或杀人等其他罪行对之进行起诉和审判，则违反了罪名特定原则。

5. 甲国公民汤姆于 2015 年在本国故意杀人后潜逃至乙国，于 2017 年在乙国强奸一名妇女后又逃至中国。乙国于 2020 年向中国提出引渡请求。经查，中国和乙国之间没有双边引渡条约。则除满足相应的条件外，乙国应当向中国作出互惠的承诺。

6. 中国人张某在甲国将甲国公民杀死后逃至乙国。如乙国将张某引渡给中国后，甲国向中国提请引渡张某，中国政府应当予以拒绝。

7. 甲国公民彼得，在中国境内杀害一中国公民和一乙国在华留学生，被中国警方控制。乙国以彼得杀害本国公民为由，向中国申请引渡，中国和乙国间无引渡条约。若在收到引渡请求时，中国司法机关正在对引渡所指的犯罪进行刑事诉讼，则应当拒绝引渡。

8. 某外国与中国没有引渡条约，该外国向中国提出引渡的，其引渡请求应向中国最高人民法院提出。

[答案]

1. 错误。

2. 错误。引渡的对象可能是请求国人、被请求国人和第三国人，一般各国有权拒绝引渡本国公民，除非另有协议。

3. 正确。

4. 正确。

5. 正确。

6. 正确。张某为中国人。

7. 错误。可以拒绝。

8. 错误。

考点 22：《刑事司法协助法》

(一) 刑事司法协助的概念	中国和外国在刑事案件调查、侦查、起诉、审判和执行等活动中相互提供协助，包括送达文书，调查取证，安排证人作证或者协助调查，查封、扣押、冻结涉案财物，没收、返还违法所得及其他涉案财物，移管被判刑人以及其他协助。

续表

（二）主权原则	非经中国主管机关同意，外国机构、组织和个人不得在中国境内进行本法规定的刑事诉讼活动，中国境内的机构、组织和个人不得向外国提供证据材料和本法规定的协助。
（三）对外联系机关	1. 中外有司法协助条约的：司法部是主要对外联系机关，但不是唯一的。如《联合国反腐败公约》中指定最高检为负责对外联系的中央机关。 2. 无刑事司法协助条约的，通过外交途径联系。
（四）主管机关	1. 国家监察委员会、最高人民法院、最高人民检察院、公安部、国家安全部等部门是开展国际刑事司法协助的主管机关。 2. 在移管被判刑人案件中，司法部按照职责分工，承担相应的主管机关职责。
（五）办案机关	办理刑事司法协助相关案件的机关是国际刑事司法协助的办案机关，负责向所属主管机关提交需要向外国提出的刑事司法协助请求、执行所属主管机关交办的外国提出的刑事司法协助请求。
（六）基本程序	1. 向外国提请求： （1）办案机关需要向外国请求刑事司法协助的，应当制作刑事司法协助请求书并附相关材料，经所属主管机关审核同意后，由对外联系机关及时向外国提出请求。 （2）被请求国就执行刑事司法协助请求提出附加条件，不损害中国的主权、安全和社会公共利益的，可以由外交部作出承诺。被请求国明确表示对外联系机关作出的承诺充分有效的，也可以由对外联系机关作出承诺。对于限制追诉的承诺，由最高人民检察院决定；对于量刑的承诺，由最高人民法院决定。在对涉案人员追究刑事责任时，有关机关应当受所作出的承诺的约束。
	2. 向中国提请求： （1）外国向中国提出刑事司法协助请求的，应当依照刑事司法协助条约的规定提出请求书。 （2）对外联系机关收到外国提出的刑事司法协助请求，应当对请求书及所附材料进行审查。对于请求书形式和内容符合要求的，应当按照职责分工，将请求书及所附材料转交有关主管机关处理；对于请求书形式和内容不符合要求的，可以要求请求国补充材料或者重新提出请求。 （3）主管机关收到对外联系机关转交的刑事司法协助请求书及所附材料后，应当进行审查，并根据情况分别作出协助、全部拒绝、部分拒绝或提出附加条件等处理。 （4）办案机关收到主管机关交办的外国刑事司法协助请求后，应当依法执行。

最爱考

1. 我国某直辖市公安机关可以应甲国公安机关的请求决定向其提供调查取证、安排证人作证等刑事司法协助。

2. 我国向甲国请求刑事司法协助时，甲国提出附加条件的，可以由外交部作出承诺。

3. 在中甲两国进行刑事司法协助时，我国司法部应为对外联系机关。

4. 非经我国对外联系机关同意，甲国机构、组织和个人不得在中国境内进行送达文书、调查取证等刑事诉讼活动。

[答案]

1. 错误。
2. 正确。
3. 错误。
4. 错误。

考点 23：庇护★

概念	一国对于遭到外国追诉或迫害而前来避难的外国人，准予其入境和居留，给予保护，并拒绝将其引渡给另一国的行为。
性质	庇护是国家基于领土主权而引申出的权利。决定给予哪些人庇护是国家的权利。国家通常没有必须给予庇护的义务。
与引渡关系	不引渡不等于庇护。
域外庇护	给避难者在驻在国的使馆、领馆、军舰甚至商船内以庇护，不存在域外庇护的一般国际法规则。但基于相互协议，某些国家间有域外庇护的实践。

点睛之笔

1. 外交保护是国家保护其在海外的本国人，而庇护是保护前来避难的外国人。

2. 国家通常没有对外国人进行庇护的义务。

3. 庇护比不引渡的内涵更广泛，除不引渡外，还包括准予入境和给予相应的待遇等内容。

PROJECT FIVE

外交和领事关系法 专题五

考点24：外交特权与豁免★★★

1. 使馆的特权与豁免

使馆馆舍不得侵犯	（1）接受国人员非经馆长许可，不得进入使馆馆舍，送达文书、遇火灾或流行病发生，也不例外。
	（2）接受国对使馆馆舍负有特殊的保护责任，应采取一切适当步骤保护使馆馆舍免受侵入或损害。
	（3）使馆馆舍及设备，以及馆舍内其他财产与使馆交通工具免受搜查、征用、扣押或强制执行。
使馆财产及档案不得侵犯	使馆的档案及文件无论何时何处，均不得侵犯。即使两国断交、发生武装冲突时也不例外。“绝对保护”。
通讯自由	接受国应允许使馆为一切公务目的自由通讯，并予保护。非经接受国同意不得装置使用无线电发报机。接受国对外交邮袋不得予以开拆或扣留，并应提供便利以保障迅速传递。
免税	使馆馆舍免纳国家的或地方的捐税，但不包括为使馆提供的特定服务所收的费用。

点睛之笔

1. 外交关系是国家间以特定的形式进行交往而表现和存在的国家关系。现代国际实践中，建立外交关系一般是与相互设立常驻外交机构、互派外交代表联系在一起的。在外交关系建立并互设使馆之后，由于某种原因，一国也可以单方面暂时关闭使馆，甚至断绝与另一国的外交关系。

2. 使馆馆长分为大使、公使、代办三级。以馆长的级别不同，使馆相应地分别称为大使馆、公使馆和代办处。

3. 使馆的职务主要有以下五项：

（1）代表。作为派遣国在接受国的代表，在处理派遣国和接受国间的交往事务中，全面代表派遣国。

（2）保护。在国际法许可的范围内，保护派遣国及其人民的各项利益。

（3）谈判和交涉。代表派遣国政府与接受国政府进行各项事务的谈判和交涉。

（4）调查和报告。可以以一切合法的手段调查接受国的各种情况，并及时向派遣国作出报告。

（5）促进。促进派遣国和接受国之间的友好关系，发展两国政治、经济、文化各方面的合作。

4. 使馆所占的土地是接受国的领土，派遣国对之享有特权和豁免而已。

最爱考

1. 甲、乙两国2000年建立大使级外交关系，并缔结了双边的《外交特权豁免议定书》。2020年两国交恶，甲国先宣布将其驻乙国的外交代表机构由大使馆降为代办处，乙国遂宣布断绝与甲国的外交关系。之后，双方分别撤走了各自驻对方的使馆人员。甲、乙两国的行为是不违反国际法的。

2. 使馆爆发恶性传染病，接受国卫生部门人员可以未经许可进入使馆消毒。

3. 使馆未经接受国许可，不得装置使用无线电发报机。

4. 接受国应为使馆提供必要的免费物业服务。

［答案］

1. 正确。
2. 错误。
3. 正确。
4. 错误。

2. 外交人员及其特权和豁免

<table>
<tr><td rowspan="2">派遣</td><td colspan="3">（1）派遣：派遣馆长和武官之前，应征得接受国同意；其他人员派遣国可直接委派，但如果委派接受国国籍的人或第三国国籍的人，则仍须经接受国的同意。</td></tr>
<tr><td colspan="3">（2）拒绝或驱逐：接受国可以拒绝接受其所不同意的任何派遣国使馆人员，无须向派遣国说明理由；对于派遣国的使馆馆长及外交人员，接受国可以随时不加解释地宣布其为“不受欢迎的人”。（如果在其入境以后被宣告，则派遣国应酌情召回该人员或终止其使馆人员的职务。否则，接受国可以拒绝承认该人员为使馆人员，甚至令其限期离境。）</td></tr>
<tr><td rowspan="6">特权与豁免</td><td rowspan="2">人身不可侵犯</td><td colspan="2">（1）外交人员不受任何方式之逮捕或拘留。防止或制止外交人员犯罪、正当防卫除外。</td></tr>
<tr><td colspan="2">（2）接受国对外交人员应予以尊重，并采取一切适当步骤以防止其人身、自由受到侵害。</td></tr>
<tr><td rowspan="2">寓所、财产和文书信件不可侵犯</td><td colspan="2">（1）外交人员的住所，包括临时住所（如旅馆的房间），接受国的官员等未经许可不得进入。</td></tr>
<tr><td colspan="2">（2）接受国不得侵犯外交人员的文书、信件以及财产。</td></tr>
<tr><td rowspan="2">管辖豁免</td><td>刑事管辖豁免</td><td>外交人员享有完全的对接受国刑事管辖的豁免。</td></tr>
<tr><td>行政管辖豁免</td><td>免除外交人员户籍和婚姻登记，对其违反行政法规的行为不实行行政制裁。</td></tr>
</table>

续表

<table>
<tr><td rowspan="5">特权与豁免</td><td rowspan="2">管辖豁免</td><td>民事管辖豁免及例外</td><td>除以下事项，接受国法院不对外交人员进行民事管辖：
（1）外交人员在接受国境内私有不动产物权的诉讼，但其代表派遣国为使馆用途置有的不动产不在此列；
（2）外交人员以私人身份并不代表派遣国而参与的继承事项的诉讼；
（3）外交人员在接受国内在公务范围以外从事的专业或商务活动；
（4）外交人员主动起诉而引起的与该诉讼直接有关的反诉。</td></tr>
<tr><td>免除作证义务</td><td>外交人员不仅没有在法庭上作证的义务，而且没有提供证词的义务。</td></tr>
<tr><td rowspan="2">免税和免检</td><td colspan="2">（1）免纳关税、个人所得税和其他直接税，计入商品或劳务价格内的间接税、遗产税、为提供特定服务所付的费用不在免除之列。</td></tr>
<tr><td colspan="2">（2）私人行李免受查验，但接受国当局有重大理由推定其中有非免税物品或有接受国法律禁止或管制的物品等情况时，可在外交人员或其代理人在场时查验。</td></tr>
<tr><td>放弃</td><td colspan="2">可以由派遣国放弃，必须是明示放弃。外交人员自己没有放弃的权利。</td></tr>
<tr><td rowspan="3">适用范围</td><td>人员</td><td colspan="2">除馆长及外交人员享有外交特权与豁免外，与外交人员构成同一户口的非接受国国民家属。家属：共同生活的配偶及其未成年子女（依我国《外交特权豁免条例》）。</td></tr>
<tr><td rowspan="2">时间</td><td colspan="2">（1）开始时间：进入接受国国境就任之时起享有此等特权与豁免；其已在该国境内者，自其委派通知到达接受国时享有。</td></tr>
<tr><td colspan="2">（2）终止时间：享有特权与豁免人员的职务如已终止，其上述特权与豁免通常是在该员离境之时或给予其离境的合理期间结束之时终止。</td></tr>
</table>

点睛之笔

外交人员包括：馆长（一般为大使）、参赞、武官、外交秘书和随员（最低一级的外交官）。馆长有大使、公使和代办三级，使馆也对应的分为三级。而翻译、会计等虽在使馆工作，但并非外交官，特权和豁免范围要小。

最爱考

1. 甲国驻乙国大使汤姆辱骂乙国总统，被乙国宣布为“不受欢迎的人”，则甲国应立即将汤姆召回。

2. 参赞射杀两名翻墙进入使馆的接受国国民，接受国司法部门不得对其进行刑事审判和处罚。

3. 赵某为甲国派驻乙国的外交官，工作之余，为乙国一学生教授外语并收取报酬，但未能如约按时辅导该学生，该学生诉诸乙国法院，要求其承担违约责任。本案法院可以管辖。

4. 杜某为甲国驻乙国使馆的三等秘书，其在乙国首都目击了一场抢劫杀人事件。则杜某对该案免除作证义务，除非甲国使馆代表甲国明确放弃该项权利。

5. 甲、乙两国均为《维也纳外交关系公约》缔约国，甲国拟向乙国派驻大使馆工作人员。其中，玛丽是甲国籍会计且非乙国永久居留者。依该公约，玛丽不享有外交人员的特权与豁免。

［答案］

1. 错误。应酌情召回或终止其职务。
2. 正确。
3. 正确。
4. 正确。
5. 错误。

考点25：领事特权与豁免★★★

1. 领馆的特权与豁免

馆舍不受侵犯	（1）接受国人员非经领馆馆长同意，★不得进入领馆馆舍中专供领馆工作之用的部分。但遇火灾或其他灾害须迅速采取保护行动时，★可以推定馆长已同意。
	（2）接受国应保护领馆馆舍免受侵入或损害。
	（3）领馆馆舍、馆舍设备以及领馆的财产与交通工具一般地应免受征用。★如接受国确有征用的必要时，应采取一切可能步骤以免妨碍领馆执行职务，并应向派遣国作出迅速、充分及有效的补偿。
档案及文件不得侵犯	领馆的档案和文件无论何时，亦不论位于何处，均不得侵犯。
通讯自由	接受国应允许并保护领馆为一切公务目的的自由通讯，但装置及使用无线电发报机须经接受国许可。★领馆的邮袋不得予以开拆或扣留，但如有重大理由可在派遣国授权代表在场时开拆邮袋。若派遣国拒绝开拆，邮袋应退回原发送地。

2. 领事官员及其特权与豁免

派遣	领馆馆长由派遣国委派，并由接受国承认准予执行职务。领馆其他人员的委派由派遣国自由决定。但若委派具有接受国国籍的人或第三国国民充任领馆馆员须经接受国明示同意。
	接受国可以随时宣告某一领事官员为不受欢迎人员。派遣国应视情况召回该员或终止其在领馆中的职务。否则，接受国可以撤销有关人员的领事证书或不再承认该人为领馆馆员。
人身不得侵犯	领事官员人身自由受到一定程度的保护。包括接受国对领事官员不得予以逮捕候审或羁押候审，不得监禁或以其他方式拘束领事官员的人身自由，★但对犯有严重罪行或司法机关已裁判执行的除外。

续表

<table>
<tr><td rowspan="3">管辖豁免</td><td rowspan="2">司法管辖豁免</td><td>领事官员执行职务行为，不受接受国的司法和行政管辖。</td></tr>
<tr><td>但有以下例外：
(1) 因领事官员并未明示或默示以派遣国代表身份而订立契约所发生的诉讼；
(2) 第三者因车辆船舶或航空器在接受国内所造成的意外事故而要求损害赔偿的诉讼；
(3) 领事官员主动起诉引起的与本诉直接有关的反诉。</td></tr>
<tr><td>作证豁免</td><td>在与管辖相关的作证义务方面领事享有一定的豁免。领事官员对其执行职务所涉及的事项没有作证或提供有关公文或文件的义务。除此之外领事官员不得拒绝作证。但如果领事拒绝作证也不得对其施以强制或处罚。</td></tr>
<tr><td>免税和免检</td><td colspan="2">领事免纳国家的、地方的捐税，但间接税、遗产税、服务费等不在免除之列。
★领事及其同户家属初到任所需物品和消费品免纳关税。
领事行李免受查验，如有重大理由需要查验，应于领事或其家属在场时进行。</td></tr>
</table>

点睛之笔

1. 国家之间领事关系的建立以其双边协议确定。除另有声明外，两国间同意建立外交关系亦即同意建立领事关系。但断绝外交关系并不当然断绝领事关系。国家间达成协议建立领事关系的直接标志一般是设立领事机构，即领事馆。领馆人员包括领事官员、领事雇员及服务人员。领事官员是指被委任此职务承办领事事务的人员，包括领馆馆长在内。领馆馆长分为总领事、领事、副领事、领事代理人四个等级。按照领馆馆长的等级，领事馆相应地称为总领事馆、领事馆、副领事馆和领事代理处。

2. 表格中标注“★”的部分，为领馆特权与豁免和外交特权与豁免的不同之处，需要重点关注。

最爱考

1. 甲国与乙国基于传统友好关系，兼顾公平与效率原则，同意任命德高望重并富有外交经验的丙国公民左某宁作为甲、乙两国的领事官员派遣至丁国。《维也纳领事关系公约》对之没有限制，此做法无须征得丁国同意。

2. 某国驻甲国领事在甲国涉嫌爆炸犯罪，因为领事人身不受侵犯，甲国不得对其采取强制措施。

3. 领事官员不受接受国的司法和行政管辖。

4. 某国驻乙国领事官员在乙国驾车时发生事故，造成乙国公民的人身损害，根据领事管辖豁免，该领事在乙国不因此接受乙国的民事管辖。

5. 某国驻丙国领事官员是一起抢劫案的目击证人，其可以拒绝作证。

6. 某国驻丁国领事官员在其初至丁国就任时所购买的供其私人使用的物品，免予征收关税。

［答案］

1. 错误。

2. 错误。爆炸犯罪属于严重犯罪。

3. 错误。限于执行职务的行为。

4. 错误。交通肇事赔偿诉讼属于领事官员民事豁免例外的情况。

5. 错误。领事官员对其执行职务所涉及的事项没有作证义务，本题要区别是否属于执行职务。

6. 正确。

条　约　法 专题六

PROJECT SIX

考点 26：条约的缔结程序和方式★

<table>
<tr><td>约文的议定</td><td colspan="2">一般首先经过谈判。谈判可以由有缔约权的国家机关或全权代表代为进行。全权代表进行谈判缔结条约须具备全权证书。</td></tr>
<tr><td rowspan="4">约文的认证</td><td colspan="2">1. 草签。</td></tr>
<tr><td colspan="2">2. 待核准的签署。</td></tr>
<tr><td colspan="2">3. 签署：有权签署的人将其姓名签于条约约文之下。</td></tr>
<tr><td colspan="2">4. 通过。</td></tr>
<tr><td rowspan="4">表示同意接受条约的约束</td><td>签署</td><td>1. 条约规定；
2. 各谈判国约定；
3. 该国在其代表的全权证书中或在谈判过程中表示该国赋予签署这种效果。</td></tr>
<tr><td>批准</td><td>批准有国内法和国际法上的两种含义。国内法上的批准是一国的权力机关依据该国国内法对条约的认可。国际法上批准是指一国同意受条约的拘束，国家没有必须批准其所签署的条约的义务。</td></tr>
<tr><td>加入</td><td>未对条约进行签署的国家表示同意受条约的拘束，成为条约当事方的一种方式。加入一般没有期限的限制，因此加入得在条约生效之前或生效之后进行。</td></tr>
<tr><td>接受和赞同</td><td>效果类似加入或批准，国家选择接受方式而不是加入或批准多是基于其国内法。</td></tr>
</table>

点睛之笔

1. 一般来说，条约的缔结程序一般包括：约文的议定、约文的认证和表示同意受条约拘束。具体所采用的缔约方式和程序取决于缔约方的约定。

2. 签署正常来讲仅仅表示认证约文，上表中三种特殊情况下才表示国家受条约约束。

最爱考

1. 国家签署条约后，就有义务批准该条约。

2. 甲、乙、丙国同为一开放性多边条约缔约国，现丁国要求加入该条约。四国均为《维也纳条约法公约》缔约国。根据国际法规则，丁国的加入只能在该条约生效之前进行。

［答案］

1. 错误。

2. 错误。

考点 27：《缔结条约程序法》★★

1. 委派全权代表	下列人员谈判、签署条约、协定，无须出具全权证书： ①国务院总理； ②外交部长； ③谈判、签署与驻在国缔结条约、协定的我国驻该国使馆馆长，但各方另有约定除外； ④谈判、签署以本部门名义缔结协定的我国政府部门首长，但各方另有约定除外； ⑤我国派往国际会议或者派驻国际组织，并在该会议或者该组织内参加条约、协定谈判的代表，但是该会议另有约定或者该组织章程另有规定的除外。 （《条约法公约》当中还包括国家元首，但我国没有该项规定。）
2. 不同缔约行为的权力行使	（1）批准。条约和重要协定签署后，由外交部或者国务院有关部门会同外交部，报请国务院审核；由国务院提请全国人民代表大会常务委员会决定批准；国家主席根据全国人民代表大会常务委员会的决定予以批准。
	（2）核准。条约和重要协定以外的国务院规定须经核准或者缔约各方议定须经核准的协定和其他具有条约性质的文件签署后，由外交部或者国务院有关部门会同外交部，报请国务院核准。核准书由国务院总理签署，也可以由外交部长签署。
	（3）加入。加入多边条约和重要协定，由全国人民代表大会常务委员会作出加入的决定；加入其他的，则由国务院决定。加入书由外交部长签署，具体手续由外交部办理。
	（4）接受多边条约和协定，由国务院决定。接受书由外交部长签署，具体手续由外交部办理。
3. 条约公布	经全国人民代表大会常务委员会决定批准或者加入的条约和重要协定，由全国人民代表大会常务委员会公报公布。其他条约、协定的公布办法由国务院规定。
4. 条约登记	我国缔结的条约和协定由外交部按照《联合国宪章》的有关规定向联合国秘书处登记。

点睛之笔

1. 条约和重要协定有：

（1）友好合作、和平条约等政治性条约；

（2）有关领土和划定边界的条约、协定；

（3）有关司法协助和引渡的条约、协定；

（4）同我国法律有不同规定的条约、协定；

（5）缔约各方议定须经批准的条约、协定；

（6）其他须经批准的条约、协定。

2. 对应登记而未登记的条约，不是失效，也不是不发生法律效力，而是不得向联合国任何机关援引。

3. 批准书由国家主席签署；加入书、接受书均由外交部长签署，具体手续由外交部办理；而核准书由国务院总理签署，也可以由外交部长签署。

最爱考

1. 国务院总理与外交部长参加条约谈判，无需出具全权证书。

2. 有关引渡的条约由全国人大常委会决定予以批准，批准书由国家主席签署。

3. 国家间签订的条约必须在联合国秘书处登记方能生效。

4. 国家主席根据全国人大常委会的决定批准、加入条约和重要协定。

[答案]

1. 正确。

2. 正确。

3. 错误。

4. 错误。加入条约和重要协定不须国家主席。

考点 28：条约的保留★★★

<table>
<tr><td>保留概念</td><td colspan="2">国家签署、批准或加入条约时作出的，排除或改变条约中部分条款对其适用效力的单方声明。</td></tr>
<tr><td rowspan="3">不得保留的</td><td colspan="2">1. 条约规定禁止保留；</td></tr>
<tr><td colspan="2">2. 条约准许特定的保留，而有关条款不在保留的准许范围之内；</td></tr>
<tr><td colspan="2">3. 保留与条约的目的和宗旨不符。</td></tr>
<tr><td rowspan="4">保留的效果</td><td>保留国与接受保留国</td><td>按保留的范围，改变保留所涉及的条约条款。</td></tr>
<tr><td rowspan="2">保留国与反对保留国</td><td>1. 若反对保留国并不反对该条约在该两国间生效，则保留所涉及的规定，不适用该两国之间。</td></tr>
<tr><td>2. 若反对保留国反对该条约在该两国间生效，则该条约不在两国之间发生效力。</td></tr>
<tr><td>未提出保留的国家间</td><td>无论未提出保留的国家是否接受第三国的保留，仍然按照原来条约的规定缔约。</td></tr>
</table>

点睛之笔

1. 保留可在条约签署、批准、接受、赞同或加入时提出，其措辞和名称不限。除非条约另有规定，保留可以随时撤回，无须经已接受保留的国家同意，对保留的反对也可以随时撤回。

2. 提出保留、明示接受及反对保留、撤回保留或撤回对保留的反对，均须采用书面形式。

最爱考

1. 甲、乙、丙国同为一开放性多边条约缔约国，现丁国要求加入该条约。四国均为《维也纳条约法公约》缔约国。丁国对该条约中的一些条款提出保留，对于丁国提出的保留，甲、乙、丙国必须接受。

2. 甲、乙、丙国同为一开放性多边条约缔约国，现丁国要求加入该条约。四国均为《维也纳条约法公约》缔约国。则该条约对丁国生效后，丁国仍然可以提出保留。

3. 甲、乙、丙国同为一开放性多边条约缔约国，现丁国要求加入该条约。四国均为《维也纳条约法公约》缔约国。则丁国只能在该条约尚未生效时提出保留。

4. 某条约规定一切船舶在另一国领海享有无害通过权。甲乙丙丁四国都是该条约的缔约国。甲国在缔结该项条约时，对该条提出保留，主张军舰在一国领海不享有无害通过权。乙国表示接受该项保留。则在甲乙两国之间，除军舰外，其他船舶享有领海无害通过权。

5. 甲、乙、丙三国为某投资公约的缔约国，甲国在参加该公约时提出了保留，乙国接受该保留，丙国反对该保留，尽管丙国反对甲国在公约中的保留，甲、丙两国之间并不因此而不发生条约关系。

[答案]

1. 错误。

2. 错误。

3. 错误。保留的提出只能是在条约对保留国生效之前提出，与条约本身是否已生效无关。

4. 正确。

5. 正确。取决于对保留的反对程度。

考点 29：条约对第三国的效力★

为第三国创设义务时	必须经第三国以书面形式明示接受，才能对第三国产生义务。
为第三国创设权利时	原则上仍应得到第三国同意。但是，第三国没有相反的意思表示，应推断其同意接受这项权利，而不必以书面形式明确表示接受。
条约使第三国负担义务	一般必须经条约各当事国与该第三国的同意方得取消或变更。
条约使第三国享受权利	当事国不得随意取消或变更。

点睛之笔

条约原则上只能适用于缔约国之间，未经第三国同意，对该国不产生权利，也不产生义务。但是，条约不拘束第三国的原则也不能绝对化。

考点30：条约的冲突★

<table>
<tr><td colspan="2">1. 条约有规定</td><td>适用条约本身关于解决条约冲突的规定。</td></tr>
<tr><td rowspan="2">2. 条约无规定</td><td>（1）先后就同一事项签订的两个条约的当事国完全相同时</td><td>一般适用后约取代前约原则。</td></tr>
<tr><td>（2）先后就同一事项签订的两个条约的当事国部分相同，部分不同时</td><td>在同为两条约当事国之间，适用后约优于先约；在同为两条约当事国与仅为其中一条约的当事国之间，适用两国均为当事国的条约。</td></tr>
</table>

点睛之笔

条约的冲突是指一国就同一事项先后参加的两个或几个条约的规定相互冲突。解决条约的冲突应首先适用条约本身关于解决条约冲突的规定。如果没有相关规定则要具体分析。

最爱考

甲乙丙三国签订了一贸易条约，乙丙丁三国就同一事项签订了新条约。依条约法的相关规则，在乙国和丙国之间应适用新条约，而原贸易条约失效。

［答案］错误。

考点31：条约在中国的适用★★

<table>
<tr><td rowspan="4">中国的实践</td><td>1. 中国宪法就此未作统一规定；</td></tr>
<tr><td>2. 民商事领域，我国缔结或加入的条约优先直接适用，但保留的条款除外；</td></tr>
<tr><td>3. 民商事领域以外的条约如何适用：个案处理；</td></tr>
<tr><td>4. WTO 规则原则上在中国间接适用。</td></tr>
</table>

最爱考

中国缔结或参加的国际条约与中国国内法有冲突的，均优先适用国际条约。

［答案］错误。

考点32：条约的终止★

<table>
<tr><td rowspan="4">原因</td><td colspan="2">1. 条约本身规定；</td></tr>
<tr><td colspan="2">2. 条约当事方共同的同意；</td></tr>
<tr><td colspan="2">3. 条约履行不可能（如不可抗力）；</td></tr>
<tr><td>4. 断绝外交关系或领事关系</td><td>此种情况使得以外交或领事关系为适用条约必不可少的条件的条约终止，其他条约不受断绝外交关系或领事关系的影响；</td></tr>
</table>

续表

原因	5. 重大违约	（1）双边条约当事方之一重大违约时，他方有权终止该条约；
		（2）多边条约当事国一方有重大违约时，其他当事方有权以一致同意的方式，在这些当事方与违约方的关系上，或在全体条约当事方之间，终止该条约。
后果	1. 解除当事国继续履行条约之义务； 2. 不影响当事国在条约终止前经由实施条约而产生之任何权利、义务或法律情势。	

点睛之笔

1. 重大违约不同于一般违约，主要指两种情况：

（1）违约方明确表示废弃条约；

（2）违约方从事了违背条约目的和宗旨的行为。

2. 多边条约，一方重大违约，其他没有违约的条约当事方达成一致之后有两个选择：

（1）终止整个条约；

（2）在没有违约的当事方与违约方之间终止该条约，此种情况，在没有违约的当事方之间，条约关系还继续存在。

PROJECT SEVEN

国际争端的和平解决 专题七

考点 33：联合国大会和安理会★★

<table>
<tr><th></th><th>联合国大会</th><th colspan="2">联合国安理会</th></tr>
<tr><td>组成</td><td>大会由全体会员国组成。</td><td colspan="2">安理会由 15 个理事国组成，其中 5 个常任理事国，10 个定期选举产生的非常任理事国。</td></tr>
<tr><td>职权</td><td>大会不是立法机关，而主要是一个审议和建议机关。可以讨论宪章范围内或联合国任何机关的任何问题，但安理会正在审议的除外。</td><td colspan="2">1. 促使争端和平解决。
2. 在维持和平与制止侵略方面：
（1）断定情势；
（2）采取非武力措施（如对成员经济制裁等）；
（3）武力措施。
3. 其他方面。</td></tr>
<tr><td rowspan="3">表决制度</td><td rowspan="3">1. 大会表决实行会员国一国一票制。
2. 对于一般问题的决议采取简单多数通过；对于重要问题决议采取 2/3 多数通过。实践中也常常采取协商一致方法通过决议。
3. 上述重要问题包括：
（1）与维持国际和平与安全相关的建议；
（2）安全理事会、经社理事会和托管理事会中需经选举的理事国的选举；
（3）新会员国接纳；
（4）会员国权利中止或开除会籍；
（5）实施托管的问题；
（6）联合国预算及会员国应缴费用的分摊等。</td><td>程序性事项</td><td>安理会表决采取每一理事国一票。对于程序事项决议的表决采取 9 个同意票即可通过。</td></tr>
<tr><td>非程序性事项（实质事项）</td><td>“大国一致原则”，以下条件需同时满足：
1. 9 个以上同意票；
2. 没有任何一个常任理事国投反对票或否决票；
常任理事国的弃权或缺席不被视为否决，不影响决议的通过。</td></tr>
<tr><td>双重否决权</td><td>1. 当对于一个事项是否为程序性事项发生争议时，同样按照上述“大国一致”表决方式决定。因此，常任理事国享有否决权。一般来说，非程序性事项有：事关国际社会和平与安全的事项、相关规则的制定、安理会在向大会推荐接纳新会员国或秘书长人选、建议中止会员国权利和开除会员国等。
2. 对非程序性事项进行表决，常任理事国享有否决权。</td></tr>
</table>

续表

	联合国大会	联合国安理会
决议效力	1. 大会对于联合国组织内部事务通过的决议对于会员国具有拘束力； 2. 对于其他一般事项作出的决议属于建议性质，不具有法律拘束力。	安理会为制止和平的破坏、和平的威胁和侵略行为而作出的决定，以及依宪章规定在其他职能上作出的决定，对于当事国和所有的成员国都具有拘束力，不论其是否接受。

点睛之笔

1. 联合国是政府间国际组织，是国际法的主体，具有独立的权利能力和行为能力，可以缔结条约，也可以缔结普通的民商事契约。

2. 联合国大会对于联合国组织内部事务通过的决议对于会员国有拘束力；对于其他事项作出的决议属建议性质不具有拘束力。安理会为制止和平的破坏、和平的威胁和侵略行为而作出的决议，以及宪章规定的其他职能上所作的决议，对当事国和所有成员国都有约束力，不需征得当事国的同意。

最爱考

1. 联合国的行为，应视为联合国所有会员国的共同行为。

2. 联合国大会是联合国的立法机关，2/3 以上会员国同意才可以通过国际条约。

3. 联合国会员国甲国出兵侵略另一会员国。联合国安理会召开紧急会议，讨论制止甲国侵略的决议案，并进行表决。表决结果为：常任理事国 4 票赞成、1 票弃权；非常任理事国 8 票赞成、2 票否决。该投票结果达到了安理会对实质性问题表决通过的要求。

4. 表决时安理会 5 个常任理事国的票数多于其他会员国。

［答案］

1. 错误。
2. 错误。
3. 正确。
4. 错误。

考点 34：国际法院★★★

<table>
<tr><td rowspan="1">法院的组成</td><td>1. 国际法院由 15 名法官组成，其中不得有 2 人为同一国家的国民。
2. 法官的选举：联合国大会和安理会分别选举。候选人只有同时在联合国大会和安理会中获得绝对多数票时才能当选。安理会投票时，常任理事国不得行使否决权。
<table><tr><td></td><td>安理会</td><td>大会</td></tr><tr><td>法官</td><td>程序性事项</td><td>2/3</td></tr><tr><td>秘书长</td><td>实质性事项</td><td>1/2</td></tr></table>3. 专案法官：
（1）法官对于涉及其国籍国的案件，不适用回避制度，除非其就任法官前曾参与该案件。</td></tr>
</table>

续表

<table>
<tr><td>法院的组成</td><td colspan="3">（2）在法院受理案件中，如果双方当事国一国有本国籍的法官，没有的另一方当事国可以选派一人作为专案法官参加案件的审理。
（3）其与正式法官具有完全平等的权利。</td></tr>
<tr><td rowspan="5">法院的职权</td><td rowspan="4">诉讼管辖权</td><td colspan="2">对人管辖：仅限国家</td></tr>
<tr><td rowspan="3">对事管辖</td><td>1. 自愿管辖：争端发生后，达成协议。</td></tr>
<tr><td>2. 协定管辖：条约或协定中约定。</td></tr>
<tr><td>3. 任择强制管辖：当事国发表声明就相应争端对于接受同样义务的其他当事国，接受法院的管辖具有强制性。其成立须同时满足至少两个条件：（1）两个以上国家发表了任择强制管辖声明；（2）具体的争议发生在发表声明的国家之间。</td></tr>
<tr><td>咨询管辖权</td><td colspan="2">1. 国际法院有提供法律咨询的职能，称为咨询管辖权。
2. 合格主体：一是有直接请求权的，大会和安理会；另一类是无直接请求权的，联合国的其他机关或专门机构，获得大会授权时，仅能就“其工作范围内的法律问题”请求法院咨询管辖。
3. 国家、个人和联合国秘书长无权请求国际法院咨询管辖。
4. 咨询意见无法律拘束力，但有重要的影响。</td></tr>
<tr><td>执行</td><td colspan="3">1. 国际法院的判决是终局性的。判决一经作出，即对本案及本案当事国产生拘束力，当事国必须履行。
2. 如有一方拒不履行判决，他方得向安理会提出申诉，安理会可以作出有关建议或决定采取措施执行判决。
3. 当事国对判决的意义或范围发生争执时，可以请求国际法院作出解释。
4. 当事国在判决作出后，如发现能够影响判决的、决定性的、且在诉讼过程中不可能获知的新事实，可申请法院复核判决，复核程序与诉讼程序相同。</td></tr>
</table>

最爱考

1. 国际法院是联合国的司法机关，有诉讼管辖和咨询管辖两项职权。

2. 安理会常任理事国对法官选举拥有一票否决权。

3. 国际法院法官对涉及其国籍国的案件，不适用回避制度，即使其就任法官前曾参与该案件。

4. 国际法院可以审理所有国际主体间的争议。

5. 甲乙两国都是联合国会员国，现因领土争端，甲国欲向国际法提起诉讼，如审理案件中甲国发现法官中有乙国法官，而甲国无人担任国际法院法官，则甲国可以申请增加本国国籍的法官为专案法官。

6. 甲乙是联合国会员国。甲作出了接受联合国国际法院强制管辖的声明，乙未作出该种声明。甲可单方将争议提交联合国国际法院。

7. 联合国秘书长可就执行其职务中的任何法律问题请求国际法院发表咨询意见。

8. 国际法院作出的咨询意见具有法律拘束力。

9. 国际法院判决对案件当事国具有法律拘束力，构成国际法的渊源。

10. 国际法院作出判决后，如当事国不服，可向联合国大会上诉。

［答案］

1. 正确。
2. 错误。
3. 错误。
4. 错误。
5. 正确。
6. 错误。
7. 错误。
8. 错误。
9. 错误。
10. 错误。

考点35：《联合国海洋法公约》规定的争端解决机制★★

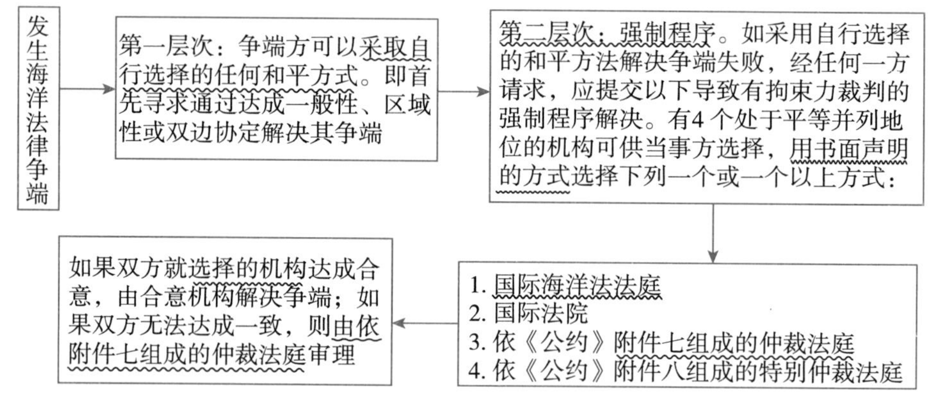

点睛之笔

1.《联合国海洋法公约》规定了不适用强制程序的两项例外（第297、298条）：

（1）沿海国在专属经济区或大陆架上行使主权权利的一些争端可以不适用强制程序。

（2）对于像海洋划界、领土争端、军事活动、涉及历史性海湾所有权的争端以及联合国安理会正在行使其管辖权的争端，缔约国可以通过书面声明来排除强制程序的适用。

（3）中国在2006年对《联合国海洋法公约》上述机制作出声明，将涉及海域划界等事项的争端排除适用仲裁等强制争端解决程序。

2. 国际海洋法庭：

（1）海洋法法庭的建立，不排除国际法院对海洋活动争端的管辖，争端当事国可以自愿选择将海洋争端交由哪个机构来审理。

（2）国际海洋法庭的任择强制管辖性质与国际法院的任择强制管辖相似，

即只有争端各方都用书面方式选择了法庭程序，法庭才有管辖权。

最爱考

1. 国际海洋法法庭的设立排除了国际法院对海洋争端的管辖权。

2. 甲、乙两国就海洋的划界一直存在争端，甲国在签署《联合国海洋法公约》时以书面声明选择了海洋法法庭的管辖权，乙国在加入公约时没有此项选择管辖的声明，但希望争端通过多种途径解决。海洋法法庭因甲国单方选择管辖的声明而对该争端具有管辖权。

[答案]

1. 错误。

2. 错误。

专题八 PROJECT EIGHT 战争与武装冲突法

考点 36：战争的法律后果★

<table>
<tr><td colspan="4">1. 交战国之间由和平转为战争状态。</td></tr>
<tr><td colspan="4">2. 外交、领事关系断绝。若仅是武装冲突状态，则外交关系和领事关系并不因此而断绝。</td></tr>
<tr><td colspan="4">3. 经贸往来禁止。</td></tr>
<tr><td rowspan="6">4. 条约关系受到影响</td><td colspan="2" rowspan="3">（1）仅以交战国为当事国的条约</td><td>①同盟条约、互助条约或和平友好条约立即废止；</td></tr>
<tr><td>②一般的政治和经济类条约，停止效力。如引渡条约、商贸条约；</td></tr>
<tr><td>③边界条约、割让条约，继续维持。</td></tr>
<tr><td colspan="2" rowspan="2">（2）交战国与非交战国为当事国的多边条约</td><td>①条约本身有明文规定，从规定；</td></tr>
<tr><td>②普遍性的多边条约或有关卫生、医药的条约不因战争开始而终止，但其中与交战行为相冲突的条款，可中止执行。</td></tr>
<tr><td colspan="3">（3）涉及战争规范的条约：予以适用。</td></tr>
<tr><td rowspan="5">5. 交战国人民及财产受到影响</td><td rowspan="4">（1）对敌产的影响（若仅是武装冲突状态，限制和没收敌方财产的规则不适用。）</td><td rowspan="2">对于公产</td><td>①交战国对于其境内的敌国国家财产，除属于使馆的财产、档案等外，可予没收。</td></tr>
<tr><td>②对占领区内属军事性的敌国动产可以征用；对不动产可以使用，但不得作改变所有者的处置；具有军事性的不动产，可于必要时予以破坏。</td></tr>
<tr><td rowspan="2">对于私产</td><td>①对其境内的敌国私产可予以限制，但不得没收。</td></tr>
<tr><td>②对占领区内的敌国私产不应以任何方式干涉或没收，但对可供军事需要的财产可征用。</td></tr>
<tr><td colspan="3">（2）对敌国公民的影响：可实行各种限制，如敌侨登记、强制集中居住等。</td></tr>
</table>

点睛之笔

1. 传统的战争法可以分为两个部分：

第一部分是关于战争的开始和结束，以及在此期间交战国之间、交战国与中立国或非交战国之间法律关系的原则、规则和规章制度；

第二部分是关于作战中的规则。即关于武器、其他作战手段和作战方法以及保护平民、交战人员和战争受难者的原则、规则和规章制度。

2. 武装冲突的后果与战争开始的后果不同。在武装冲突爆发时，武装冲突各方一般继续保持外交关系和领事关系，同时一般也不发生战争所引起其他法律效果，如限制和没收敌方财产的规则不适用。

最爱考

1. 甲乙两国突发战争，两国外交关系和领事关系一般自动断绝，外交人员的外交特权与豁免自战争状态开始时终止。

2. 甲乙两国突发战争，甲乙两国之间的所有条约均失效。

3. 甲、乙战争开始后，除条约另有规定外，两国间商务条约停止效力。

4. 甲乙两国突发战争，甲国对其境内的乙国公民的私有财产可以没收。

5. 甲乙两国由于边界纠纷引发武装冲突，进而彼此宣布对方为敌国。甲国对位于其境内的乙国国家财产，包括属于乙国驻甲国使馆的财产，不可没收。

[答案]

1. 错误。
2. 错误。
3. 正确。
4. 错误。
5. 正确。甲乙两国属于武装冲突关系而非战争关系。

考点37：战时中立★

中立国的权利	1. 中立国的领土主权应得到交战国的尊重；
	2. 中立国人员的权益应得到保护；
	3. 中立国有权与交战国的任一方保持正常的外交和商务关系。
中立国的义务	1. 不作为的义务，中立国不得直接或间接地向任何交战国提供军事支持或帮助；
	2. 防止交战国在其领土或其管辖范围内的区域从事战争，或利用其资源准备从事战争敌对行动以及战争相关的行动；
	3. 容忍的义务，指中立国须容忍交战国根据战争法对其国家和人民采取的有关措施。

点睛之笔

1. 战时中立是指在战争时期，非交战国选择不参与战争、保持对交战双方不偏不倚的法律地位。

2. 战时中立也不同于“永久中立”。战时中立是临时和特定的，其开始于非交战国声明其选择中立地位，或其事实上已经开始的中立行为；战时中立结束于战争的结束，或中立国宣布结束中立地位开始参加战争。永久中立的地位是根据国际条约确立的，它在平时和战时都必须履行其永久中立国的义务，不得任意选择或放弃其地位。

考点 38：对作战的限制和对受难者的保护★

对作战手段和方法的限制（“海牙体系规则”）	1.“条约无规定”不解除当事国义务； 2.“军事必要”不免责； 3. 区分对象原则； 4. 限制作战手段和方法原则：禁止具有过分伤害力和滥杀滥伤作用的武器使用。（目前的国际法还未对核武器的禁止作出全面明确的规定。）	
对战时平民和战争受难者的保护（“日内瓦体系规则”）	对战俘的保护	战俘是指落入敌方手里的合法交战者。战俘的人格和尊严、生活和与其家庭的联络都受到交战国的尊重。交战国不得虐待战俘。
	对伤病员的保护	合法交战者在战争中丧失了战斗能力，并享受战俘待遇；其医疗也应受到应有的待遇。
	对平民的保护	交战国对其境内的敌国平民给予适当的保护，对占领区的对方的国民不能虐待，要维持当地的正常生活。不能强迫它作出损害其本国的行为。

点睛之笔

1949 年的四个《日内瓦公约》和 1977 年关于日内瓦四公约的两个《附加议定书》主要有以下特点：

1.《日内瓦公约》的适用不仅限于国际法传统意义上的战争，而且包括任何其他武装冲突。

2.《日内瓦公约》的规定不仅对于发生在缔约国之间的战争或武装冲突中，对于缔约国具有拘束力，而且在交战国中有非缔约国的情况下，对于缔约国也具有拘束力。

3.《日内瓦公约》在一定条件下可以对非缔约国适用。《日内瓦公约》第 2 条允许非缔约国在接受并援用公约规定的条件下，可以与缔约国在武装冲突期间同等地受公约的约束，而不必须以通过有关程序加入该条约为适用条件。

最爱考

1.《日内瓦公约》及其两个《附加议定书》仅对缔约国之间的战争和武装冲突具有法律拘束力。

2. 甲国攻入乙国，可以对乙国境内的一座寺庙进行军事打击。

3. 甲国与乙国发生了战争，因为甲国是行使自卫权，甲国就不用遵守战争法规则。

4. 甲乙两国战事结束后，甲国对其俘获的乙国战俘可以自主决定分期遣返。

5. 甲国与乙国在一场武装冲突中，各自俘获了数百名对方的战俘。甲国不准战俘与其家庭通信或收发信。此行为合法。

6. 甲国把乙国的战俘作为战利品在电视中展示，此行为合法。
7. 乙国没收了甲国战俘的所有贵重物品，上缴乙国国库。此行为合法。
8. 乙国对被俘的甲国军官和士兵给予不同的生活待遇，此行为合法。

[答案]

1. 错误。
2. 错误。
3. 错误。
4. 错误。
5. 错误。
6. 错误。
7. 错误。
8. 正确。

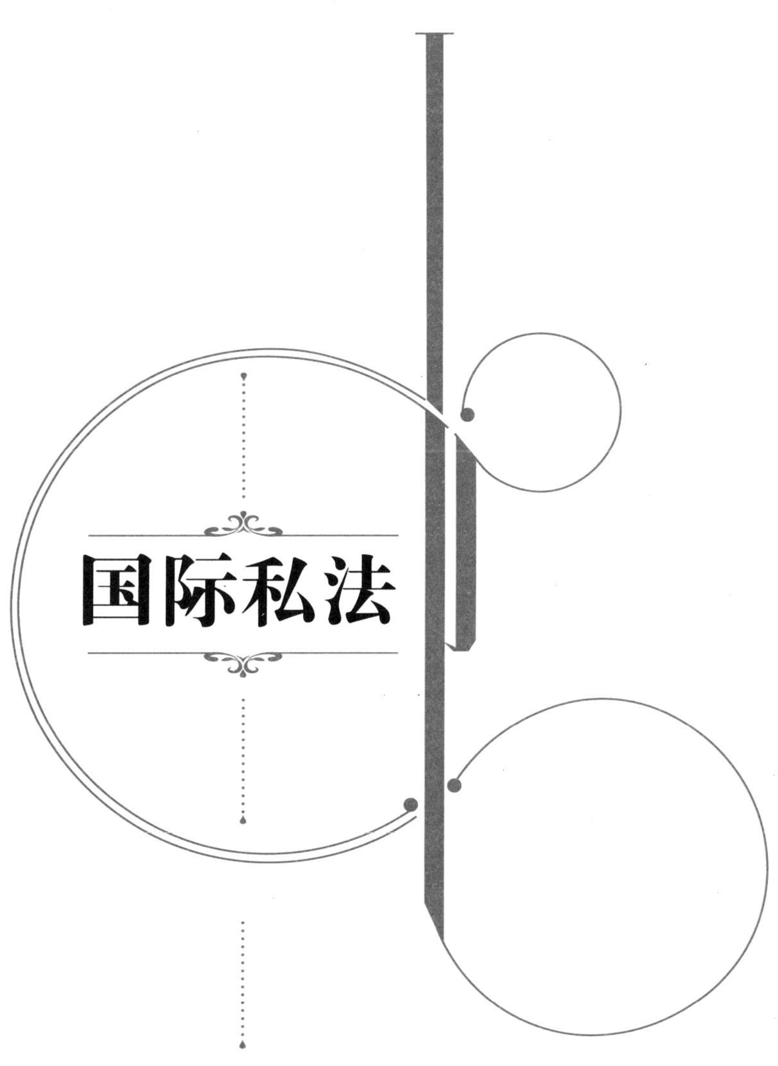

国际私法

PROJECT NINE

冲突规范 专题九

考点 39：国际私法的调整对象★

<table>
<tr><td colspan="3">国际私法的调整对象是涉外民商事法律关系。</td></tr>
<tr><td rowspan="5">即三要素中含有一个或一个以上的涉外因素的民商事法律关系</td><td rowspan="2">主体</td><td>1. 一方或双方当事人是外国自然人、法人、无国籍人。</td></tr>
<tr><td>2. 当事人一方或双方的经常居所地在我国领域外。</td></tr>
<tr><td>客体</td><td>3. 民事关系的标的物在我国领域外。</td></tr>
<tr><td>内容</td><td>4. 产生、变更或者消灭民事权利义务关系的法律事实发生在我国领域外。</td></tr>
<tr><td>其他</td><td>5. 可以认定为涉外民事关系的其他情形。</td></tr>
</table>

点睛之笔

国际民商事法律关系是一种国际的或跨国的民商事法律关系。它的国际性，使得它同纯国内民商事法律关系区别开来。它的私法性，又使得它同其他具有国际性的法律关系，如国际公法所调整的国家与国家之间的关系，区别开来。

考点 40：冲突规范的类型★★

单边冲突规范	直接规定适用内国或外国法律的冲突规范。	例：在中华人民共和国境内履行的中外合资经营企业合同、中外合作经营企业合同、中外合作勘探开发自然资源合同，适用中华人民共和国法律。
双边冲突规范	冲突规范的系属并不直接规定适用内国法还是外国法，而只是规定一个可以推定的系属，再根据这个系属并结合民商事法律关系的具体情况去推定应适用某法律的冲突规范。	例：《法律适用法》第 36 条："不动产物权，适用不动产所在地法律。"
重叠适用的冲突规范	系属有两个或两个以上，并且同时适用于某种民商事法律关系的冲突规范。	例：《法律适用法》第 28 条："收养的条件和手续，适用收养人和被收养人经常居所地法律。"

续表

选择适用的冲突规范	1. 无条件选择适用的冲突规范，在这种规范中，各系属所提供的可供选择的法律具有同等价值，并无主次轻重之分。 例如，《法律适用法》第22条："结婚手续，符合婚姻缔结地法律、一方当事人经常居所地法律或者国籍国法律的，均为有效。"
	2. 有条件选择适用的冲突规范，冲突规范虽然允许根据多种系属进行法律选择，但可供选择的法律有主次轻重之分，只允许依次序或有条件地选择其一作为国际民商事法律关系的准据法。 例如，《法律适用法》第31条："法定继承，适用被继承人死亡时经常居所地法律，但不动产法定继承，适用不动产所在地法律。"

一招制敌

1. 判断一项规范是否为冲突规范的窍门：看该规范中是否有"适用"一词，或者与其同义的如"依""符合"等，一般来讲，有"适用"一词的即为冲突规范。"适用"为关联词，"适用"左面的半句话为"范围"，右面的半句话为"系属"；系属部分，去掉当中的"法"或"法律"一词，剩余部分是"连结点"。

2. 判断冲突规范类型的要点在于：

（1）如果一个冲突规范只有一个系属，则要么是单边冲突规范，要么是双边冲突规范，两者的区别在于是否明确言明应该适用内国法或外国法。明确应该适用内国法或外国法的，为单边冲突规范，只是一个可推定系属，要结合案件实际才能确定的，是双边冲突规范；

（2）如果一个冲突规范有两个以上系属，则要么是重叠适用的冲突规范，要么是选择适用的冲突规范。系属都要用的，是重叠适用的冲突规范，系属选择用的，是选择适用的冲突规范。进一步再看选择是否有条件，区分为无条件选择适用的冲突规范和有条件选择适用的冲突规范。

考点41：民事主体的法律适用★★★

	事项	基本规定
自然人	居所	一个人在一定时间内居住的处所。居所有临时居所和经常居所之分。
	经常居所地	1. 自然人在涉外民事关系产生或者变更、终止时已经连续居住一年以上且作为其生活中心的地方，人民法院可以认定为涉外民事关系法律适用法规定的自然人的经常居所地，但就医、劳务派遣、公务等情形除外；

续表

<table>
<tr><th></th><th>事项</th><th>基本规定</th></tr>
<tr><td rowspan="6">自然人</td><td>经常居所地</td><td>2. 自然人经常居所地不明的，适用其现在居所地法律。</td></tr>
<tr><td>权利能力</td><td>适用经常居所地法律。</td></tr>
<tr><td rowspan="2">行为能力</td><td>1. 经常居所地法律；</td></tr>
<tr><td>2. 自然人从事民事活动，依照经常居所地法律为无民事行为能力，依照行为地法律为有民事行为能力的，适用行为地法律，但涉及婚姻家庭、继承的除外。</td></tr>
<tr><td>宣告失踪、死亡</td><td>适用自然人经常居所地法律。</td></tr>
<tr><td rowspan="5">法人</td><td>国籍</td><td>我国主张以法人的设立登记地来确定法人的国籍。</td></tr>
<tr><td>营业所</td><td>法人经营活动的场所。</td></tr>
<tr><td>法人经常居所地（住所）</td><td>法人主营业地。</td></tr>
<tr><td rowspan="2">权利能力、行为能力、组织机构、股东权利义务等事项</td><td>1. 适用登记地法律；</td></tr>
<tr><td>2. 法人的主营业地与登记地不一致的，可以适用主营业地法律。</td></tr>
<tr><td>信托</td><td colspan="2">当事人可以协议选择信托适用的法律。没有选择的，适用信托财产所在地法律或者信托关系发生地法律。</td></tr>
<tr><td rowspan="2">代理</td><td colspan="2">1. 委托代理：当事人可以协议选择委托代理适用的法律。没有选择的：代理适用代理行为地法律，但被代理人与代理人的民事关系，适用代理关系发生地法律。</td></tr>
<tr><td colspan="2">2. 其他代理：代理适用代理行为地法律，但被代理人与代理人的民事关系，适用代理关系发生地法律。</td></tr>
</table>

点睛之笔

“法人的主营业地”即其主要经营场所所在地，也就是其主要办事机构所在地。因此，一般认为，法人的经常居所地与法人的住所是一致的。即法人住所地 = 法人的主营业地 = 法人的经常居所地。

最爱考

1. 中国人王某 1970 年出生在北京，其户籍所在地在北京市朝阳区，40 多年来其在北京、上海、东京、纽约均有居所，2008 年至今其一直在纽约居所居住生活和工作。根据我国相关法律，则：王某国籍为中国，其户籍所在地为中国北京；居所地为中国的北京、上海，日本的东京和美国的纽约；其目前的经常居所地为美国纽约。

2. 中国籍人李某 2015 年随父母定居甲国，甲国法律规定自然人具有完全民事行为能力的年龄为 21 周岁。2019 年 7 月李某 19 周岁，在其回国期间与国内某电脑软件公司签订了购买电脑软件的合同，合同分批履行。李某在部分履行合同后，以不符合甲国有关完全民事行为能力年龄法律规定为由，主张合同无效，某电脑软件公司即向我国法院起诉。依我国《法律适用法》相关规定，该案应适用甲国法认定李某的行为能力。

3. 经常居住于中国的英国公民迈克，乘坐甲国某航空公司航班从甲国出发，前往中国，途经乙国领空时，飞机失去联系。若干年后，迈克的亲属向中国法院申请宣告其死亡。该案件应适用英国法。

4. 甲公司在美国注册登记，股东有英美中法四国人，在中法英美四国都有营业所，主要经营活动场所在中国北京。为相关纠纷引发诉讼至中国法院。则：其国籍为美国，其住所、经常居所地为中国。

5. 在甲国登记的宇宙公司经常居所地在中国，该公司在中国和甲国都有营业所，依《法律适用法》相关规定，应依甲国法来认定其权利能力和行为能力。

6. 新加坡公民王颖与顺捷国际信托公司在北京签订协议，将其在中国的财产交由该公司管理，并指定受益人为其幼子李力。在管理信托财产的过程中，王颖与顺捷公司发生纠纷，并诉至某人民法院。该信托纠纷适用中国法律。

[答案]

1. 正确。

2. 错误。应适用中国法律认定李某的行为能力。

3. 错误。应适用中国法。

4. 正确。

5. 错误。宇宙公司的权利能力和行为能力既可以适用甲国法，也可以适用中国法。

6. 错误。王颖与顺捷公司双方可以选择法律，若未选择，则适用中国法。

一招制敌

关于经常居所地（民诉法上也叫“经常居住地”），考查较为细致的时候三个条件都考：

（1）已经连续居住 1 年以上；

（2）该地作为其生活中心；

（3）就医、劳务派遣、公务等情形除外。但有时题目当中，只单纯描述“一个人定居于某地”“一直在某地居住生活”“在某地生活了好几年”，即可推断该地即为经常居所地。

考点 42：婚姻、家庭、法定继承的法律适用★★★

1. 结婚的法律适用

实质条件	结婚条件，适用当事人共同经常居所地法律；没有共同经常居所地的，适用共同国籍国法律；没有共同国籍，在一方当事人经常居所地或者国籍国缔结婚姻的，适用婚姻缔结地法律。

续表

程序条件	结婚手续，符合婚姻缔结地法律、一方当事人经常居所地法律或者国籍国法律的，均为有效。

2. 夫妻关系的法律适用

夫妻关系	（1）人身关系：适用共同经常居所地法律；没有共同经常居所地的，适用共同国籍国法律。
	（2）财产关系：当事人可以协议选择适用一方当事人经常居所地法律、国籍国法律或者主要财产所在地法律。当事人没有选择的，适用共同经常居所地法律；没有共同经常居所地的，适用共同国籍国法律。

3. 离婚的法律适用

协议离婚	当事人可以协议选择适用一方当事人经常居所地法律或者国籍国法律。当事人没有选择的，适用共同经常居所地法律；没有共同经常居所地的，适用共同国籍国法律；没有共同国籍的，适用办理离婚手续机构所在地法律。
诉讼离婚	适用法院地法律。

点睛之笔

1. 结婚必须符合法律规定的实质要件和形式要件才能有效成立，但各国对结婚要件的规定不同，国际私法一般区分实质要件和形式要件解决其法律适用问题。

2. 结婚条件，即结婚的实质要件，包括结婚必须具备的条件和必须排除的条件，比如年龄、血缘等。

3. 所谓共同经常居所地，指的是主体各自的经常居所地在一个国家。如甲的经常居所地在北京，乙的经常居所地在南京，则甲乙有共同经常居所地。

4. 结婚手续，指结婚的形式要件，各国缔结婚姻的形式主要有民事登记方式和宗教方式两种。

5. 诉讼离婚，适用法院地法律。这里的“诉讼离婚”指的是解除夫妻关系。至于离婚中分割财产问题的法律适用，用夫妻财产关系的法律适用来解决。

最爱考

1. 中国人甲男，在美国旅行期间与经常居所地在美国的法国人乙女相爱，两人相约到法国结婚。婚后两人来华居住，感情不和，诉至人民法院要求离婚。根据我国的《法律适用法》，应适用法国法来认定该婚姻的效力。

2. 因中国与新加坡不承认同性婚姻，经常居所同在新疆的新加坡男性公民毛毛与中国男性公民萌主到伦敦结婚。后因感情不和，毛毛与萌主欲解除婚姻关系引发争议，诉到某中国法院，并要求分割财产。两人结婚条件应适用英国法。

3. 韩国公民金某与德国公民汉森自 2013 年 1 月起一直居住于上海，并于该年 6 月在上海结婚。2015 年 8 月，二人欲在上海解除婚姻关系。如二人协议离婚，应适用中国法律。

［答案］

1. 错误。其结婚条件要符合法国法，即婚姻缔结地法；而其结婚手续，即程序条件只要符合法国法、中国法、美国法中的任何一个均可。

2. 错误。因新疆是两人共同经常居所地，两人的结婚条件应适用中国法。

3. 错误。二人可以在中国法、韩国法及德国法中进行选择；二人没有选择法律的，应适用中国法。

4. 父母子女关系的法律适用

父母子女人身、财产关系	适用共同经常居所地法律；没有共同经常居所地的，适用一方当事人经常居所地法律或者国籍国法律中有利于保护弱者权益的法律。

最爱考

定居在上海的法国人甲和中国人乙女结婚，不孕，遂让乙女的堂妹丙（中国人，定居上海）代孕，生下一子丁交给甲乙抚养，丁取得了法国国籍。后乙死亡，甲与新加坡女子戊再婚，并一起带丁回法国定居，一年多以后，丙请求确认和丁的母子关系，甲戊不许，引发争议诉至人民法院。则丙与丁的人身关系适用中国法或法国法中有利于保护弱方利益的法律。

［答案］正确。

5. 监护的法律适用

监护	适用一方当事人经常居所地法律或者国籍国法律中有利于保护被监护人权益的法律。

最爱考

中国公民王某将甲国公民米勒诉至某人民法院，请求判决两人离婚、分割夫妻财产并将幼子的监护权判决给她。王某与米勒的经常居所及主要财产均在上海，其幼子为甲国籍。本案的监护权事项，应适用中国法。

［答案］错误。关于本案监护权事项，应在甲国法与中国法中选择适用有利于保护幼子利益的法律。

6. 收养的法律适用

收养	收养成立	收养的条件和手续，适用收养人和被收养人经常居所地法律；（重叠适用的冲突规范）
	收养效力	适用收养时收养人经常居所地法律；（因为一般要到该处居住）
	收养的解除	适用收养时被收养人经常居所地法律或者法院地法律。（体现了对弱方利益的保护）

点睛之笔

1. 外国人来华收养子女，应当亲自来华办理登记手续。夫妻共同收养的，应当共同来华办理收养手续；一方因故不能来华的，应当书面委托另一方。

委托书应当经所在国公证和认证。

2. 外国人可以在我国收养子女，该收养人应当与送养人订立书面协议，亲自向省级人民政府民政部门登记。

最爱考

一对英国夫妇婚后移居意大利，后来华工作。该夫妇于今年在华收养一名中国儿童一起回意大利生活。如该次收养引发争议，诉至我国法院。根据《法律适用法》，本案应该适用中国法律。

［答案］错误。收养的条件和手续，应重叠适用收养人和被收养人经常居所地法律，即意大利法和中国法。收养的效力，应适用收养时收养人经常居所地法律，即意大利法。而收养关系的解除，适用收养时被收养人经常居所地法律或者法院地法律，即中国法。

7. 法定继承的法律适用

法定继承	动产：被继承人死亡时经常居所地法律；
	不动产：不动产所在地法律。

最爱考

经常居所在上海的瑞士公民怀特未留遗嘱死亡，怀特在上海银行存有 100 万元人民币，在苏黎世银行存有 10 万欧元，且在上海与巴黎各有一套房产。现其继承人因遗产分割纠纷诉至上海某法院。则 10 万欧元存款应适用瑞士法。

［答案］错误。应适用中国法。

考点 43：物权的法律适用★★

一般规定	不动产	适用不动产所在地法律。
	动产	当事人可以协议选择动产物权适用的法律；
		当事人没有选择的，适用法律事实发生时动产所在地法律。
特殊规定	在途动产	当事人可以协议选择运输中动产物权发生变更适用的法律；
		当事人没有选择的，适用运输目的地法律。

点睛之笔

1. 动产物权的取得、变更和丧失可能基于买卖合同、赠与等民事法律行为发生。所以首先法律尊重当事人意思自治。如果当事人没有约定准据法，则适用动产所在地法。关键在于适用何时的动产所在地法？该条规定的是导致动产物权变动的法律事实发生时。一般即指买卖合同或赠与成立时。

2. 在途货物的所在地是不断变化的，因此不能适用动产所在地法，而是适用当事人选择的法律，当事人没有选择的，适用运输目的地法。

最爱考

经常居住在天津的德国公民左某宁家中失窃，名画丢失，该画后被中国公民李佳佳在韩国艺术品市场购得，得知李佳佳将画带回中国并委托拍卖公司在天津拍卖后，左某宁欲通过诉讼途径索回该画作。根据我国《法律适用法》，关于该画作的物权问题，当事双方不能就准据法的选择达成一致时，应适用法院地法中国法。

［答案］错误。首先左某宁和李佳佳可以选择法律。因为李佳佳在“在韩国艺术品市场”购得该画作。可见，李佳佳是否取得该画作所有权的法律事实发生在韩国。所以，若左某宁与李佳佳无法就法律选择达成一致，本案应适用韩国法。

考点44：债权的法律适用★★★

1. 合同的法律适用

一般合同	意思自治原则	（1）意思自治原则的适用：当事人可以协议选择合同适用的法律。
		（2）意思自治原则的限制： ①当事人规避我国法律、行政法规的强制性规定的行为，不发生适用外国法律的效力，该合同争议应当适用中国法律。 ②适用外国法律违反中华人民共和国社会公共利益的，该外国法律不予适用，而应当适用中国法律。 ③在中国境内履行的中外合资经营企业合同、中外合作经营企业合同、中外合作勘探开发自然资源合同，适用中国法律。
	特征性履行和最密切联系原则	涉外合同当事人没有选择的，适用履行义务最能体现该合同特征的一方当事人经常居所地法律或者其他与该合同有最密切联系的法律。
特殊合同	消费者合同	适用消费者经常居所地法律；消费者选择适用商品、服务提供地法律或者经营者在消费者经常居所地没有从事相关经营活动的，适用商品、服务提供地法律。
	劳动合同	适用劳动者工作地法律；难以确定劳动者工作地的，适用用人单位主营业地法律。劳务派遣，可以适用劳务派出地法律。

点睛之笔

1. 表格中提及的合资经营企业合同、合作经营企业合同、合作勘探开发自然资源合同三类合同要同时满足至少两个条件，才应该适用中国法：

（1）主体是“一中一外”，都是外方当事人则不是必须适用中国法；

（2）合同在中国境内履行，如果合同在境外履行，则不是必须适用中国法。

2. 消费者合同法律适用的冲突规范共有三句话，这三句话之间是一个原则和两个例外的关系。消费者合同原则上适用消费者经常居所地法律；如果“消费者选择适用商品、服务提供地法律”或者“经营者在消费者经常居所地没有从事相关经营活动”这两个情况存在任何之一，则适用商品、服务提供地法律。

最爱考

1. 日本甲公司经登记在中国设立分支机构销售甲公司在日本提供的奶粉，

中国人乙购买该奶粉，后因该奶粉出现质量问题诉至某人民法院。经查根据日本的相关法律，出现这种情况可以获得高于中国法律规定的赔偿金。根据《法律适用法》，该案应适用日本法？

2. 法国公民马克龙受雇于主营业地在中国深圳的众合公司，公司将其派遣到在尼日利亚的分公司工作，后其因工作失误被解雇而不服，诉至深圳某人民法院。则该案适用中国法。

[答案]

1. 错误。该案适用中国法，因为消费者经常居所地在中国。但是，若乙主张适用商品提供地法，则适用日本法。

2. 错误。本地属于劳动合同纠纷，应该适用劳动者工作地法律，即尼日利亚法律。

2. 侵权行为的法律适用

<table>
<tr><td>一般侵权</td><td colspan="2">侵权责任，适用侵权行为地法律，但当事人有共同经常居所地的，适用共同经常居所地法律。侵权行为发生后，当事人协议选择适用法律的，按照其协议。</td></tr>
<tr><td rowspan="2">特殊侵权</td><td>产品责任</td><td>适用被侵权人经常居所地法律；被侵权人选择适用侵权人主营业地法律、损害发生地法律的，或者侵权人在被侵权人经常居所地没有从事相关经营活动的，适用侵权人主营业地法律或者损害发生地法律。</td></tr>
<tr><td>网络或其他方式侵犯人格权</td><td>适用被侵权人经常居所地法律。另：人格权的内容，适用权利人经常居所地法律。</td></tr>
</table>

点睛之笔

1. 侵权行为发生后，当事人协议选择适用法律的，按照其协议。可以口头协议，也可书面协议。没有达成协议的，但当事人有共同经常居所地的，适用共同经常居所地法律。既没有达成协议，也无共同经常居所地的，适用侵权行为地法律。侵权行为地法包括侵权行为实施地法和侵权结果发生地法。

2. 产品责任法律适用的冲突规范共有三句话，与消费者合同类似，也是一个原则和两个例外的关系。产品责任原则上适用被侵权人经常居所地法律；“被侵权人选择适用侵权人主营业地法律、损害发生地法律”或者“侵权人在被侵权人经常居所地没有从事相关经营活动”这两个情况存在任何之一，就适用侵权人主营业地法律或者损害发生地法律。

最爱考

1. 甲国公民毛毛与乙国公民萌萌的经常居住地均在中国，双方就在丙国境内发生的侵权纠纷在中国法院提起诉讼。该案应该适用中国法。

2. 中国人张某，一直在北京居住，去美国旅游期间购买了某产品，回国在北京家中使用时给自己及家人造成了损害。已知该产品生产商主营业地在美国纽约，后有关争议诉诸人民法院。则该案应适用美国法。

3. 中国公民凤姐在网上披露美国公民犀利哥（经常居所地在美国）在中国不文明行为的照片，犀利哥得知后在中国法院起诉凤姐侵犯其人格权。现双方就人格权内容产生争议，人民法院在解决该问题时应适用美国法。

［答案］

1. 错误。关于该案的法律适用，如侵权行为发生后毛毛和萌萌双方达成口头或书面协议，就纠纷的法律适用做出了选择，应适用协议选择的法律；如侵权行为发生后双方未选择纠纷适用的法律，应适用中国法。

2. 错误。具体来说：（1）该案原则上适用中国法；（2）若满足第一个例外情况，如张某选择适用美国法，法院则应适用美国法；（3）若满足第二个例外情况，如侵权人在被侵权人经常居所地没有从事经营活动，则可以适用美国法或中国法，因为中国是损害发生地。

3. 正确。

3. 不当得利、无因管理的法律适用

不当得利、无因管理	适用当事人协议选择适用的法律。当事人没有选择的，适用当事人共同经常居所地法律；没有共同经常居所地的，适用不当得利、无因管理发生地法律。

最爱考

英国公民苏珊来华短期旅游，因疏忽多付房费1000元，苏珊要求旅店返还遭拒后，将其诉至中国某法院。该纠纷应适用中国法。

［答案］错误。首先当事人可以协议选择法律，如果没有选择的，适用中国法。

考点45：知识产权的法律适用★★

知识产权的归属和内容	适用被请求保护地法律。“被请求保护地”即被请求保护的知识产权的所在地，看具体保护哪个国家的知识产权。
知识产权转让和许可使用	当事人可以协议选择知识产权转让和许可使用适用的法律。当事人没有选择的，适用履行义务最能体现该合同特征的一方当事人经常居所地法律或者其他与该合同有最密切联系的法律。
知识产权的侵权责任	适用被请求保护地法律，当事人也可以在侵权行为发生后协议选择适用法院地法律。注意：此处达成协议，只能选择适用法院地法。

点睛之笔

1. 由于商标权和专利权具有严格的属地性，在不同国家注册和登记的商标权和专利权，只能分别要求各国法律的保护，“被请求保护地”，即知识产权人请求保护何国的知识产权，该国就是被请求保护国，该国法律就是“被请求保护国法律”。

2. 知识产权转让与许可使用是一种交易行为，一般要通过合同来完成。既然是合同，则在法律没有特殊规定时，自然是允许当事人自己选择合同的准据法。如果当事人不约定准据法，法院则适用履行义务最能体现该合同特征的一方当事人经常居所地法律或者其他与该合同有最密切联系的法律。

3. 关于知识产权的侵权责任，当事人可以在侵权行为发生后选择法院地法，此处达成协议，只能选择适用法院地法，若无此选择，则适用被请求保护地法律。

最爱考

1. 甲国A公司向乙国B公司出口一批货物，A公司与B公司就该批货物在中国境内的商标权产生争议，双方诉至中国某法院。关于该商标权归属和内容，应适用中国法。

2. 日本甲公司与中国乙公司签订技术许可协议（协议约定适用日本法），授权乙公司在中国范围内销售的手机上安装甲公司开发的某款APP。而乙公司在销往越南的手机上也安装了该款APP，后甲公司以乙公司违约并侵犯其在越南获得的知识产权为由，诉至中国某人民法院。关于本案，根据《法律适用法》，该案的违约和侵权问题均应适用日本法。

[答案]

1. 正确。

2. 错误。关于本案，许可协议违约应适用日本法，知产侵权双方可选中国法，若无此协议，则适用越南法。

考点46：商事关系的法律适用★★

1. 票据关系的法律适用

涉外票据的概念	出票、背书、承兑、保证、付款等行为中，既有发生在我国境内又有发生在我国境外的票据。
票据当事人能力	（1）票据债务人的民事行为能力，适用其本国法；（指国籍国法）
	（2）票据债务人的行为能力，依照其本国法律为无民事行为能力或为限制民事行为能力，而依照其行为地法律为完全民事行为能力，适用行为地法律。
票据行为方式	（1）汇票、本票出票时的记载事项，适用出票地法律；
	（2）支票出票时的记载事项适用出票地法律，经当事人协议，也可以适用付款地法律；
	（3）票据的背书、承兑、付款和保证行为，适用行为地法律。
票据追索权行使期限	适用出票地法律。
持票人责任	票据的提示期限、有关拒绝证明的方式、出具拒绝证明的期限，适用付款地法律。
票据丧失时权利保全程序	票据丧失时，失票人请求保全票据权利的程序，适用付款地法律。

点睛之笔

1. 判断一票据是否为涉外票据要看而且只看票据行为是否具有涉外性。

2. 票据行为主要适用出票地、付款地和行为地的法律，可以结合最密切联系原则予以确定、理解和记忆。

最爱考

1. 美国甲公司向德国乙公司在中国上海开出了一张汇票，该汇票的背书、承兑、保证、付款等均在我国，但由于该票据主体涉外，所以该票据仍然是涉外票据。

2. 某国人甲（19岁），在我国出具了一张汇票，后来因此发生纠纷诉至我国法院，根据该国法律，甲为限制行为能力人，那么甲出具的汇票将无效。

3. 汇票、本票、支票出票时的记载事项，只能适用出票地法律。

4. 票据的提示期限、有关拒绝证明的方式、出具拒绝证明的期限及票据丧失时失票人请求保全票据权利的程序，都适用付款地法。

［答案］

1. 错误。

2. 错误。

3. 错误。

4. 正确。

2. 海事关系的法律适用

船舶物权	（1）船舶所有权的取得、转让和消灭，适用船旗国法律。
	（2）船舶抵押权适用船旗国法。但船舶在光船租赁以前或者光船租赁期间，设立船舶抵押权的，适用原船舶登记国法律。（注销登记，临时性船舶国籍登记）
	（3）船舶优先权，适用受理案件的法院所在地法律。
船舶碰撞	（1）同一国籍的船舶，不论碰撞发生于何地，碰撞船舶之间的损害赔偿适用船旗国法律。
	（2）不同国籍船舶在公海上发生碰撞的损害赔偿，适用受理案件的法院所在地法律。
	（3）其他情况，适用侵权行为地法律。
海事赔偿的责任限额	适用受理案件的法院所在地法律。

点睛之笔

1. 光船租赁是指船舶出租人向承租人提供不配备船员的船舶，在约定的期间内由承租人占有、使用和营运，并向出租人支付租金的一种船舶租赁。本条的理解难点在于船舶一旦出现光船租赁的情况时，为何抵押权就不再适用“船旗国法”，而适用“原船舶登记国法”？这是因为根据各国船舶登记制度，如果甲国船舶被光船租赁给乙国人的情况下，该船舶的甲国国籍会临时注销，而该船会在乙国进行光船租赁的登记，临时取得乙国国籍（即临时性船舶国籍登记）。如果在光船租赁之前，该船船东为向本国或外国银行贷款已经将该船抵押给银行，则抵押关系受制于一个银行根本无法预料的国家的法律（乙国），则依据原船舶登记国设置的抵押关系，其有效性、合法性可能会面临挑战，这是抵押权人（银行）所不愿看到的。因此，法律规定此种情况下适用原船舶登记国的法律。

2. 何谓船舶优先权？根据我国《海商法》第 22 条的规定，船舶优先权是对特定的债权，以船舶的价值担保其优先受偿。船舶优先权在受偿顺序上要优于船舶留置权和抵押权，并且享有该权利的人只要发现该船，即可通过向海事法院申请扣押该船的方式来行使优先权，而不考虑该船是否已经转让，也不考虑目前的船舶所有人是不是最初欠下债务的那个人。

3. 关于船舶碰撞的法律适用，可以做如下理解：（1）相同船旗国船舶的碰撞，无论发生在何处，适用船旗国法律；（2）不同船籍的船舶在公海上发生碰撞的损害赔偿，适用受理案件的法院所在地的法律；（3）其他船舶碰撞情况的损害赔偿，则适用侵权行为地法律，即船舶碰撞地法。

最爱考

1. 船舶所有权的取得、转让和消灭适用船旗国法。

2. 船舶在光船租赁期间设立的抵押权，适用船旗国法。

3. 船舶优先权应适用船旗国法。

4. 中国甲公司所有的货轮“爱莲”号在中国登记，悬挂中国船旗。后甲公司与美国乙公司签订光船租赁合同，将“爱莲”号租赁给美国公司并办理了船舶的注销登记。该船舶在巴拿马办理临时性国籍登记，该临时性船舶登记证书的有效期是 2 年。在租赁期间，甲公司为获得贷款，经乙公司书面同意将该船抵押给银行。根据我国《海商法》的相关规定，“爱莲”号抵押权应适用巴拿马法。

5. 甲国贸易公司航次承租乙国籍货轮“锦绣”号将一批货物从甲国运往中国。“锦绣”号在公海上航行时与丁国籍轮“金象”号相撞，有关碰撞案在中国法院审理。该案应适用双方协议选择的法律。

［答案］

1. 正确。

2. 错误。

3. 错误。应适用法院地法。

4. 错误。应适用原船舶登记国法律，即中国法。

5. 错误。中国法。

3. 民航关系的法律适用

民用航空器物权	（1）民用航空器所有权的取得、转让和消灭，适用民用航空器国籍登记国法律；
	（2）民用航空器抵押权适用民用航空器国籍登记国法律；
	（3）民用航空器优先权适用受理案件的法院所在地法律。
民用航空器在公海上空对水面第三人的损害赔偿	适用受理案件的法院所在地法律。

最爱考

德国某民用航空公司（在中国有代表机构）的一架从中国飞往美国的客机在飞越公海时，因掉下某物体对正在公海上捕鱼的日本公民安倍（在中国有经常居所）的渔船造成损害，安倍在中国对该航空公司提起损害赔偿之诉，对之中国法院应当适用中国法律予以解决。

［答案］正确。

专题十 适用冲突规范的制度

PROJECT TEN

考点47：识别★

概念	确定案件的性质。
识别的依据	《法律适用法》第8条规定："涉外民事关系的定性，适用法院地法律。"

最爱考

一对夫妇，夫为泰国人，妻为英国人。丈夫在中国逝世后，妻子要求中国法院判决丈夫在中国的遗产归其所有。本案，应根据泰国法律判断妻子对其夫财产的权利性质。

［答案］错误。本案在中国法院审理故应适用中国法对之定性。

考点48：先决问题★

概念	在国际私法中有的争诉问题的解决，以首先解决另一个问题为条件，该争诉的问题称为"本问题"，需要先行予以解决的问题称为"先决问题"。
处理办法	《法律适用法司法解释（一）》第12条规定："涉外民事争议的解决须以另一涉外民事关系的确认为前提时，人民法院应当根据该先决问题自身的性质确定其应当适用的法律。"

点睛之笔

本问题与先决问题各自独立，分别用各自对应的冲突规范予以解决。

考点49：适用外国法的范围★

《法律适用法》第9条规定，涉外民事关系适用的外国法律，不包括该国的法律适用法。

点睛之笔

一国法律体系当中包括实体法、程序法和冲突法三类法律规范。《法律适用法》第9条规定，涉外民事关系适用的外国法律，不包括该国的法律适用法。可见，我国法院审理涉外民事案件，根据该法及其他相关规定的冲突规范指引所适用的外国法，仅指该外国的实体法，不包括该外国的程序法和冲突法。

最爱考

墨西哥公民汉斯有民事纠纷在某人民法院审理，依据中国法律应适用墨西哥法，依墨西哥法应适用中国法，则根据《法律适用法》，该案应适用中国实体法裁判。

［答案］错误。“依墨西哥法应适用中国法”当中的“墨西哥法”指墨西哥的冲突规范，这是人民法院不能适用的。而“依据中国法律应适用墨西哥法”当中的“墨西哥法”，仅指该国的实体法。

考点50：外国法查明和内容确定★★★

概念	一国法院根据本国冲突规范的指定应适用外国法时，如何查明该外国法的存在和内容。	
主体	1. 一般：涉外民事关系适用的外国法律，由人民法院、仲裁机构或者行政机关查明。	
	2. 特殊：当事人选择适用外国法律的，应当提供该国法律。	
途径	外国法通过以下途径查明： 1. 当事人提供； 2. 由与我国订立司法协助协定的缔约对方的中央机关提供； 3. 由我国驻该国的使领馆提供； 4. 由该国驻我国使馆提供； 5. 由中外法律专家提供。	
不能查明外国法时	不能查明外国法律或者该国法律没有规定的，适用我国法律解决该涉外民商事法律争议。	
不能查明外国法的认定	1. 人民法院通过由当事人提供、已对中华人民共和国生效的国际条约规定的途径、中外法律专家提供等合理途径仍不能获得外国法律的，可以认定为不能查明外国法律。	
	2. 当事人应当提供外国法律，其在人民法院指定的合理期限内无正当理由未提供该外国法律的，可以认定为不能查明外国法律。	
外国法内容的确定	人民法院应当听取各方当事人对应当适用的外国法律的内容及其理解与适用的意见，当事人对该外国法律的内容及其理解与适用均无异议的，人民法院可予认定；当事人有异议的，由人民法院审查认定。	
查明错误时	无论是适用内国冲突规范的错误，还是适用外国法本身的错误，当事人均可对之提起上诉。	

点睛之笔

“当事人选择适用外国法律的，应当提供该国法律”中的“当事人选择适用外国法律”必须是法律允许当事人选择的情况。

最爱考

1. 涉外民事关系适用的外国法律，均由人民法院、仲裁机构或者行政机关查明。

2. 行政机关无查明外国法律的义务。

3. 外国法查明过程中，法院应当听取各方当事人对应当适用的外国法律的内容及其理解与适用的意见。

4. 不能查明外国法律或者该国法律没有规定的，适用最密切联系原则解决该涉外民商事法律争议。

5. 我国“协航”号轮与甲国“瑟皇”号轮在乙国领海发生碰撞。“协航”号轮返回中国后，“瑟皇”号轮的所有人在我国法院对“协航”号轮所属的船公司提起侵权损害赔偿之诉。在庭审过程中，双方均依据乙国法律提出请求或进行抗辩。故该案应由双方当事人提供乙国法内容。

[答案]

1. 错误。

2. 错误。

3. 正确。

4. 错误。

5. 错误。两艘不同国籍的船舶在乙国发生碰撞，在我国法院审理需要适用侵权行为地法，即乙国法，而乙国法如何规定需要查明。该案中船舶碰撞损害赔偿的法律适用法律有明确规定，并不允许当事人选择法律，故不属于当事人选择适用外国法律的情况，因此应由人民法院依职权查明乙国法的内容。

考点 51：公共秩序保留和直接适用的法★★

概念	法院地国根据本国的冲突规范应当适用外国法时，如果外国法的适用或外国法的适用结果会违反法院地国的公共秩序时，限制或排除该外国法适用的制度。
称谓	德国：“公共秩序”，英国：“公共政策”，我国立法上：“社会公共利益”。
违反的后果	外国法律的适用将损害我国社会公共利益的，适用我国法律。
直接适用的法	中国法律对涉及民事关系有强制性规定的，直接适用该强制性规定。 有下列情形之一，涉及中华人民共和国社会公共利益、当事人不能通过约定排除适用、无需通过冲突规范指引而直接适用于涉外民事关系的法律、行政法规的规定，人民法院应当认定为《法律适用法》第 4 条规定的强制性规定： 1. 涉及劳动者权益保护的； 2. 涉及食品或公共卫生安全的； 3. 涉及环境安全的； 4. 涉及外汇管制等金融安全的； 5. 涉及反垄断、反倾销的； 6. 应当认定为强制性规定的其他情形。 [记忆总结]（环卫工人导致外汇断销）

点睛之笔

1. 违背我国的公共利益，将排除外国法的适用。在排除外国法适用时，应适用我国相应的法律。需要强调的是，我国的公共秩序保留制度适用于涉外民事法律关系，也适用于司法协助、对外国法院判决的承认和执行以及承认与执行仲裁裁决。

2. 此处直接适用的六种情况可以采用口诀记忆的方法。“环卫工人导致外汇断销”：“环”，指涉及环境安全的；“卫”，指涉及食品或公共卫生安全的；“工人”，指涉及劳动者权益保护的；“外汇”，指涉及外汇管制等金融安全的；“断”，指涉及反垄断的；“销”，指涉及反倾销的。可以看出，我国直接适用的法多应用于规范经济秩序，保护弱势群体等方面，并非仅限于民事性质的实体法。

最爱考

沙特某公司在华招聘一名中国籍雇员张某。为规避中国法律关于劳动者权益保护的强制性规定，劳动合同约定排他性地适用菲律宾法。后因劳动合同产生纠纷，张某向中国法院提起诉讼。因该案涉及劳动者权益保护，应直接适用中国的强制性规定。

［答案］正确。

考点52：法律规避★★

1. 概念	涉外民商事法律关系当事人为了实现利己的目的，故意改变构成法院地国冲突规范连结点的具体事实，以避开本应适用的对其不利的准据法而使对其有利的法律得以适用的行为。
2. 构成要件	（1）当事人主观上必须有规避法律的故意； （2）被当事人规避的法律必须是当事人应当适用的法律； （3）法律规避必须是通过人为地制造或改变一个或几个连结因素来实现的； （4）法律规避必须是既遂的，即已经完成规避行为。
3. 法律效力	在实践中，大多数国家认为法律规避是非法的，不承认其效力。
4. 我国规定	一方当事人故意制造涉外民事关系的连结点，规避中国法律、行政法规的强制性规定的，人民法院应认定为不发生适用外国法律的效力。

点睛之笔

我国在司法实践中主张，法律规避是指规避我国法律、行政法规中的强制性规定部分，而非任何法律法规的任何内容；当事人规避我国法律、行政法规的强制性规定的行为无效，不发生适用外国法的效力，同时，以适用中国法律取而代之。

最爱考

1. 因中国与新加坡不承认同性婚姻，经常居所同在新疆的新加坡男性公民毛毛与中国男性公民萌主到伦敦结婚。两人的行为属于法律规避。

2. 美国甲公司与中国乙公司为共同投资在中国设立合资公司丙而签订合资合同，在该合同中，甲乙两公司约定该合同引发的争议适用《美国统一商法典》予以解决。根据我国法律，该项约定是有效的。

［答案］

1. 正确。

2. 错误。案中合同属于我国法律有强制性规定的情况，应适用我国法律予以解决。当事人选择适用《美国统一商法典》无效。

考点 53：区际冲突规范与准据法的确定★★

涉外民事关系适用外国法律，该国不同区域实施不同法律的，适用与该涉外民事关系有最密切联系区域的法律。

点睛之笔

一个国家内部具有独特法律制度的地区被称为法域。国际私法同区际法律冲突和区际私法有着较密切的联系，当国际私法中的冲突规范指定应适用某一外国的法律作准据法，而该外国的法制不统一，具有多个法域，存在着区际法律冲突时，就会提出究竟是适用该外国的哪一法域的法律作为准据法的问题。

最爱考

在某合同纠纷中，中国当事方与甲国当事方协议选择适用乙国法，并诉至中国法院。如乙国不同州实施不同的法律，法院应适用该国首都所在地的法律。

［答案］错误。

考点 54：诉讼时效的法律适用★★

诉讼时效，适用相关涉外民事关系应当适用的法律。

点睛之笔

一般来讲，在解决具体的民商事法律关系争议时。才会涉及诉讼时效问题，故诉讼时效问题从属于具体的民商事法律关系。此处的“相关涉外民事关系”即指产生诉讼时效争议的涉外民商事法律关系。

最爱考

中国甲公司与英国乙公司签订一份商事合同，约定合同纠纷适用英国法。合同纠纷发生 4 年后，乙公司将甲公司诉至某人民法院。英国关于合同纠纷的诉讼时效为 6 年。则本案的诉讼时效与合同实体问题均应适用英国法。

［答案］正确。

考点 55：意思自治原则★★★

基本理论	当事人意思自治强调尊重当事人的自由意志，允许当事人基于协议选择他们之间的法律关系所应适用的法律。
选择方式	明示方式。

续表

法律不允许选择时	我国法律没有明确规定当事人可以选择涉外民事关系适用的法律，当事人选择适用法律的，人民法院应认定该选择无效。
选择的法律与争议的联系	一方当事人以双方协议选择的法律与系争的涉外民事关系没有实际联系为由主张选择无效的，人民法院不予支持。
选择时间	当事人在一审法庭辩论终结前协议选择或者变更选择适用的法律的，人民法院应予准许。
推断选择的情况	各方当事人援引相同国家的法律且未提出法律适用异议的，人民法院可以认定当事人已经就涉外民事关系适用的法律做出了选择。
选择未对我国生效的条约	当事人在合同中援引尚未对我国生效的国际条约的，人民法院可以根据该国际条约的内容确定当事人之间的权利义务，但违反我国社会公共利益或我国法律、行政法规强制性规定的除外。

点睛之笔

只有法律明确规定当事人可以选择法律时，当事人才能选择处理其争议的法律。比如，处理夫妻财产关系当事人可以选择法律，而处理夫妻人身关系当事人就不能选择法律，即使选择了，该种选择也是无效的。

最爱考

1. 在某合同纠纷中，中国当事方与甲国当事方协议选择适用乙国法，并诉至中国法院。在庭审中，中国当事方以乙国与该纠纷无实际联系为由主张法律选择无效，人民法院不应支持。

2. 当事人在一审法庭辩论即将结束时决定将选择的法律变更为甲国法，人民法院不应支持。

3. 当事人仅可在具有合同性质的涉外民事关系中选择法律。

4. 《海牙规则》是调整承运人责任的国际公约，但是中国并未缔结或加入该公约，该公约对中国没有法律拘束力。可是，甲乙两公司签订一个涉外海运运输合同，约定适用《海牙规则》，若引发争议，诉至人民法院，法院可以根据《海牙规则》来裁判该案。

［答案］

1. 正确。

2. 错误。

3. 错误。

4. 正确。

考点 56：适用法院地法的情况★★

适用我国法的情况	1. 我国法律有强制性规定的；
	2. 适用外国法会损害我国公共利益的；
	3. 外国法无法查明的。

续表

应该适用法院地法的情况	1. 涉外民事案件的定性；
	2. 诉讼离婚；
	3. 船舶优先权；
	4. 不同船旗船舶在公海上碰撞的损害赔偿；
	5. 民用航空器的优先权；
	6. 民用航空器在公海上空对水面第三人的损害赔偿；
	7. 海事赔偿的责任限额。
可以适用法院地法的情况	1. 收养关系的解除；
	2. 知识产权的侵权责任。

点睛之笔

本考点属于记忆要点总结。

最爱考

1. 人民法院审理涉外民事案件，要确定该案件是涉外合同纠纷还是涉外侵权纠纷应该适用中国法。

2. 人民法院审理涉外离婚案件，处理当中的夫妻财产分割问题，应适用中国法。

3. 人民法院审理涉外民事案件，无法查明外国法具体内容的，应适用中国法。

4. 人民法院审理涉外民事案件，适用外国法会损害我国的社会公共利益的，应适用中国法。

［答案］

1. 正确。

2. 错误。

3. 正确。

4. 正确。

一招制敌

案件在何国审判，该国即为法院地国。因为法考要考查中国的冲突规范，且全世界只有中国法院审判案件时适用中国的冲突规范，故在考试题目中进行案例编排时，无论涉及多少个国家，出题人最后都会安排案件来中国法院起诉，法院地国都是中国。否则，题目就不符合实际，即出错了。

专题十一 PROJECT ELEVEN 我国涉外民事诉讼规则

考点57：涉外民诉的一般规则★★★

以对等为条件的国民待遇	1. 外国人、无国籍人、外国企业和组织在人民法院起诉、应诉，同中国公民、法人和其他组织有同等的诉讼权利义务；
	2. 外国法院对中国公民、法人和其他组织的民事诉讼权利加以限制的，中国人民法院对该国公民、企业和组织的民事诉讼权利，实行对等原则。
诉讼语言	1. 涉外民事案件，应当使用我国通用的语言、文字。当事人要求提供翻译的，可以提供，费用由当事人承担；
	2. 当事人向人民法院提交的书面材料是外文的，应当同时向人民法院提交中文翻译件。当事人对中文翻译件有异议的，应当共同委托翻译机构提供翻译文本；当事人对翻译机构的选择不能达成一致的，由人民法院确定。
诉讼代理人	1. 外国人在我国法院参与诉讼时，可以亲自进行，也有权委托诉讼代理人代为进行；
	2. 需要委托律师代理诉讼的，必须委托我国的律师代为诉讼；
	3. 涉外民事诉讼中的外籍当事人，可以委托本国人为诉讼代理人，也可以委托本国律师以非律师身份担任诉讼代理人；
	4. 外国驻华使领馆官员，受本国公民的委托，可以以个人名义担任诉讼代理人，但在诉讼中不享有外交或者领事特权和豁免；
	5. 领事代理。涉外民事诉讼中，外国驻华使领馆授权其本馆官员，在作为当事人的本国国民不在我国领域内的情况下，可以以外交代表身份为其本国国民在我国聘请我国律师或者我国公民代理民事诉讼。
授权委托书	1. 如果在我国领域内无住所的外国当事人委托我国律师或其他人代理诉讼，委托书是从我国境外寄交或者托交的，应当经过所在国公证机关证明，并经我国驻该国使领馆认证，或者履行我国与该所在国订立的有关条约中规定的证明手续后，才具有效力。
	2. 外国人、外国企业或者组织的代表人在人民法院法官的见证下签署授权委托书，委托代理人进行民事诉讼的，人民法院应予认可。
	3. 外国人、外国企业或者组织的代表人在我国境内签署授权委托书，委托代理人进行民事诉讼，经我国公证机构公证的，人民法院应予认可。

续表

涉外调解	涉外民事诉讼中，经调解双方达成协议，应当制发调解书。当事人要求发给判决书的，可以依协议的内容制作判决书送达当事人。
期间	1. 在我国领域内没有住所的被告答辩状期、不服一审判决或裁定的当事人的上诉期、被上诉人的答辩期都是 30 日，并且经法院准许还可以延长；（在起诉状、上诉状副本送达之日后 30 日内有权提出，在判决书、裁定书送达之日起 30 日内有权提起）
	2. 不服第一审人民法院判决、裁定的上诉期，对在我国领域内有住所的当事人，适用《民事诉讼法》第 164 条规定的期限（有权在判决书送达之日起 15 日内向上一级人民法院提起上诉。有权在裁定书送达之日起 10 日内向上一级人民法院提起上诉）；
	3. 当事人的上诉期均已届满没有上诉的，第一审人民法院的判决、裁定即发生法律效力；
	4. 人民法院审理涉外民事案件的期间，不受《民事诉讼法》第 149 条（一审 6 个月）、第 176 条（二审 3 个月）规定的限制。

点睛之笔

1. 《民事诉讼法》第 58 条规定："当事人、法定代理人可以委托一至二人作为诉讼代理人。下列人员可以被委托为诉讼代理人：（一）律师、基层法律服务工作者；（二）当事人的近亲属或者工作人员；（三）当事人所在社区、单位以及有关社会团体推荐的公民。"外国人在华进行民事诉讼，委托其本国人、中国人或其本国律师以非律师身份担任诉讼代理人的，需要满足我国关于公民代理的规定。

2. 领事代理，指外交人员或领事官员替其本国国民找诉讼代理人，并非外交人员或领事官员作为其诉讼代理人，概念不要混淆。

最爱考

1. 外国人在华进行民事诉讼必须找中国律师作为其诉讼代理人。

2. 英国人小新新因合同纠纷在中国法院涉诉，其可向人民法院提交英文书面材料，而无需提供中文翻译件。

3. 英国人小新新因合同纠纷在中国法院涉诉，其可委托任意一位英国出庭律师以公民代理的形式代理诉讼。

4. 英国人小新新因合同纠纷在中国法院涉诉，若小新新不在中国境内，英国驻华大使馆可以授权本馆官员为其聘请中国律师代理诉讼。

5. 英国人小新新因合同纠纷在中国法院涉诉，如经调解双方当事人达成协议，人民法院已制发调解书，但小新新要求发给判决书，应予拒绝。

［答案］

1. 错误。要找律师必须找中国律师。

2. 错误。

3. 错误。需要符合我国关于公民代理的规定。

4. 正确。
5. 错误。

考点58：我国关于涉外民事案件管辖权的一般规定★★★

普通地域管辖	被告住所地、经常居住地在我国；
	有关身份关系的诉讼，被告在我国无住所或经常居所的，由原告住所地或经常居住地法院管辖。
特别地域管辖	因合同纠纷或者其他财产权益纠纷，对在中国领域内没有住所的被告提起的诉讼，如果合同在我国领域内签订或者履行，或者诉讼标的物在我国领域内，或者被告在我国领域内有可供扣押的财产，或者被告在我国领域内设有代表机构，可以由合同签订地、合同履行地、诉讼标的物所在地、可供扣押财产所在地、侵权行为地或者代表机构住所地人民法院管辖。
专属管辖（民诉法规定）	1. 因不动产纠纷提起的诉讼，由不动产所在地人民法院管辖；
	2. 因港口作业中发生纠纷提起的诉讼，由港口所在地人民法院管辖；
	3. 因继承遗产纠纷提起的诉讼，由被继承人死亡时住所地或者主要遗产所在地人民法院管辖；
	4. 在中国境内履行的中外合资经营企业合同、中外合作经营企业合同、中外合作勘探开发自然资源合同发生的纠纷提起的诉讼，我国法院有专属管辖权。
协议管辖（民诉法规定）	涉外合同或者其他财产权益纠纷的当事人，可以书面协议选择被告住所地、合同履行地、合同签订地、原告住所地、标的物所在地、侵权行为地等与争议有实际联系地点的外国法院管辖，但不得违反我国关于专属管辖的规定。
平行诉讼管辖	对我国法院和外国法院都有管辖权的案件，一方当事人向外国法院起诉，而另一方当事人向我国法院起诉的，人民法院可予受理。判决后，外国法院申请或者当事人请求人民法院承认和执行外国法院对本案作出的判决、裁定的，不予准许；但双方共同缔结或者参加的条约另有规定的除外。
拒绝管辖（不方便管辖）	涉外民事案件同时符合下列情形的，人民法院可以裁定驳回原告的起诉，告知其向更方便的外国法院提起诉讼： 1. 被告提出案件应由更方便外国法院管辖的请求，或者提出管辖异议； 2. 当事人之间不存在选择中国法院管辖的协议； 3. 案件不属于中国法院专属管辖； 4. 案件不涉及中国国家、公民、法人或者其他组织的利益； 5. 案件争议的主要事实不是发生在中国境内，且案件不适用中国法律，人民法院审理案件在认定事实和适用法律方面存在重大困难； 6. 外国法院对案件享有管辖权，且审理该案件更加方便。
司法管辖豁免	凡以在中国享有特权与豁免的主体为被告、第三人向人民法院起诉的民事案件，人民法院应在决定受理前，报请本辖区高级人民审查；高级人民法院同意受理的，应当将其审查意见报最高人民法院。在最高人民法院答复前，一律暂不受理。

点睛之笔

1. 属于中国法院专属管辖的案件，当事人不得协议选择外国法院管辖，但协议选择仲裁的除外。

2. 选择法院的协议管辖与意思自治选择法律的区别：

（1）当事人选择法院必须以书面的形式，口头形式则不行；而选择法律是明示的方式，书面和口头都可以。

（2）协议管辖中，当事人须选择与争议有实际联系的地点的法院管辖，而不是任意选择法院，但并不需要达到最密切联系的地步。而当事人选择法律的，可以选择与争议有实际联系的法律，也可以选择与争议没有实际联系的法律。

3. 司法管辖豁免案件所奉行的内部逐级报告制度有两个要点：

（1）以在中国享有特权与豁免的主体为被告、第三人向人民法院起诉的民事案件，才奉行此内部逐级报告制度，如其为原告则不需要；

（2）该种案件受理与否的最终决定权在最高院。

最爱考

1. 在涉外民事案件中，中国法院不得根据原告的住所地行使管辖权。

2. 根据我国《民事诉讼法》的有关规定，对于在中华人民共和国领域内没有住所的被告提起违约之诉，可以由与合同有最密切联系地人民法院管辖。

3. 俄罗斯公民左某宁来华与中国公民李佳佳签订一份设备买卖合同。后因左某宁违约产生纠纷，李佳佳准备起诉维权。经查，该套设备位于中国境内，但左某宁在中国境内没有可供扣押的财产，亦无居所。所以，中国法院对该案没有管辖权。

4. 因在中国履行中外合资经营合同发生的纠纷，当事人只能向中国法院提起诉讼。

5. 越南人阮萌萌在中国购买了一套商品房，因为其要回国生活，于是把该房产卖给了中国人熊毛毛，该房屋买卖合同签订后，熊毛毛并未支付价款。阮萌萌在越南法院起诉熊毛毛，要求其支付价款。现熊毛毛来到中国某法院起诉阮萌萌，要求解除该房屋买卖合同。已知中越两国并未签订相应的双边或多边协议，根据中国相关法律和司法解释，对于熊毛毛起诉，中国某法院不能受理。

6. 涉外合同或者其他财产权益纠纷的当事人，可以明示协议选择与争议有实际联系地点的外国法院管辖。

7. 涉外民事案件争议的主要事实不是发生在中国境内，且案件不适用中国法律，审理案件在认定事实和适用法律方面存在重大困难的，人民法院即可裁定驳回原告的起诉，告知其向更方便的外国法院提起诉讼。

［答案］

1. 错误。

2. 错误。最密切联系原则在涉外民事关系法律适用中会被经常适用，但是，在涉外民事管辖中却不适用。

3. 错误。李佳佳可在该套设备所在地或合同签订地的人民法院起诉。

4. 错误。可以协议仲裁，专属管辖的含义是说要诉讼只能到中国法院起诉，但并不排除其他救济方式。

5. 错误。

6. 错误。协议管辖须书面选择法院，口头不可以。明示包括书面和口头。

7. 错误。

考点 59：国际商事法庭★★★

（一）性质	由最高人民法院设立，是最高人民法院的常设审判机构。第一、第二国际商事法庭（深圳、西安）。
（二）管辖权	1. 管辖五类国际商事案件： （1）当事人书面协议选择最高人民法院管辖，标的额在人民币 3 亿元以上的国际商事案件； （2）应当由高级人民法院受理的第一审国际商事案件，但是高级人民法院认为需要由最高人民法院审理且经过最高人民法院准许的； （3）在全国有重大影响的国际商事纠纷； （4）在最高院构建的国际商事争端解决机制的框架内进行仲裁的案件，当事人申请国际商事法庭进行财产保全或者申请撤裁或者申请执行仲裁裁决的案件； （5）其他。
	2. 国际商事案件： （1）平等主体之间的民商事纠纷； （2）具有涉外因素。
	3. 排除两类案件： （1）国与国之间的贸易或投资争端； （2）东道国和投资者之间的投资争端。
（三）建立“三位一体”的纠纷解决机制	1. 最高人民法院组建国际商事专家委员会，并选定符合条件的国际商事调解机构、国际商事仲裁机构与国际商事法庭共同构建调解、仲裁、诉讼有机衔接的纠纷解决平台，形成“一站式”国际商事纠纷解决机制。 2. 国际商事法庭支持当事人通过调解、仲裁、诉讼有机衔接的纠纷解决平台，选择其认为适宜的方式解决国际商事纠纷。
（四）调解	1. 国际商事法庭在受理案件后 7 日内，经当事人同意，可以委托国际商事专家委员会成员或者国际商事调解机构调解。 2. 经国际商事专家委员会成员或者国际商事调解机构主持调解，当事人达成调解协议的，国际商事法庭可以依照法律规定制发调解书；当事人要求发给判决书的，可以依协议的内容制作判决书送达当事人。 [注意] 国际商事法庭的法官须为中国籍，但国际商事专家委员会的专家委员可以由外国人担任。
（五）仲裁	当事人协议选择最高院构建的国际商事争端解决机制的框架内的国际商事仲裁机构仲裁的，可以在申请仲裁前或者仲裁程序开始后，向国际商事法庭申请证据、财产或者行为保全。

续表

（六）诉讼	1. 可以通过下列途径查明域外法律： （1）由当事人提供； （2）由中外法律专家提供； （3）由法律查明服务机构提供； （4）由国际商事专家委员提供； （5）由与我国订立司法协助协定的缔约对方的中央机关提供； （6）由我国驻该国使领馆提供； （7）由该国驻我国使馆提供； （8）其他合理途径。
	2. 证据： （1）当事人向国际商事法庭提交的证据材料系在中国领域外形成的，不论是否已办理公证、认证或者其他证明手续，均应当在法庭上质证。 （2）当事人提交的证据材料系英文且经对方当事人同意的，可以不提交中文翻译件。
	3. 国际商事法庭一审终审。可以向最高院本部申请再审，最高院另行组成合议庭审查。
	4. 国际商事法庭作出的发生法律效力的判决、裁定和调解书，当事人可以向国际商事法庭申请执行。
	5. 国际商事法庭通过电子诉讼服务平台、审判流程信息公开平台以及其他诉讼服务平台为诉讼参与人提供诉讼便利，并支持通过网络方式立案、缴费、阅卷、证据交换、送达、开庭等。

最爱考

1. 在审理国际商事案件中，国际商事法庭可以遴选有丰富经验的牙买加法学家李佳佳作为法官参与审理。

2. 中国甲公司和美国乙公司签订1亿美元标的额的买卖合同，合同约定纠纷由最高院国际商事法庭管辖，因为违反级别管辖，合同中选择国际商事法庭的约定无效。

3. 国际商事法庭受理后，可直接委托国际商事专家委员会成员调解。

4. 国际商事专家委员会的专家委员可以由外国人担任。

5. 国际商事法庭审理一涉及希腊当事人的案件，该案中在希腊获得的证据只要经公证和认证，即可采用。

6. 国际商事法庭审理一涉及希腊当事人的案件，如果当事人均无异议，希腊文字的证据材料无须提交中文译本。

7. 对国际商事法庭作出的判决，败诉方可以上诉。

8. 若当事人双方达成合意，国际商事法庭可以用英文进行案件的审理。

［答案］

1. 错误。法官必须是中国籍。

2. 错误。

3. 错误。

4. 正确。
5. 错误。应当在法庭上质证。
6. 错误。
7. 错误。
8. 错误。

考点 60：我国关于域外送达的规定★★★

1. 我国关于域外送达的规定

<table>
<tr><td rowspan="15">向域外送达</td><td colspan="2">（1）条约途径。</td></tr>
<tr><td colspan="2">（2）外交途径。</td></tr>
<tr><td colspan="2">（3）委托我国驻受送达人所在国的使领馆向我国公民送达。</td></tr>
<tr><td colspan="2">（4）向法定代表人、主要负责人送达。外国企业、组织的主要负责人包括该企业、组织的董事、监事、高级管理人员等。</td></tr>
<tr><td colspan="2">（5）向诉讼代理人送达。受送达人明确排除诉讼代理人有接收有关司法文书权利的除外。</td></tr>
<tr><td colspan="2">（6）向代表机构送达。</td></tr>
<tr><td colspan="2">（7）向经授权的分支机构和业务代办人送达。</td></tr>
<tr><td rowspan="3">（8）邮寄送达</td><td>①受送达人所在国允许邮寄送达的，可以邮寄送达。邮寄送达时应当附有送达回证。受送达人未在送达回证上签收但在邮件回执上签收的，视为送达，签收日期为送达日期。</td></tr>
<tr><td>②自邮寄之日起满 3 个月，送达回证没有退回，但根据各种情况足以认定已经送达的，期间届满之日视为送达。前述足以认定送达情形包括三种情况：
A. 受送达人向人民法院提及了所送达司法文书的内容；
B. 受送达人已经按照所送达司法文书的内容履行；
C. 其他可以确认已经送达的情形。</td></tr>
<tr><td>③自邮寄之日起满 3 个月，如果未收到送达的证明文件，且根据各种情况不足以认定已经送达的，视为不能用邮寄方式送达。</td></tr>
<tr><td colspan="2">（9）留置送达。人民法院向在内地的受送达人的法定代表人、主要负责人、诉讼代理人、代表机构以及有权接受送达的分支机构、业务代办人送达司法文书时，可以适用留置送达的方式。</td></tr>
<tr><td colspan="2">（10）传真、电子邮件等其他适当送达方式。</td></tr>
<tr><td rowspan="3">（11）公告送达</td><td>①不能用上述方式送达的，可以公告送达，自公告之日起满 3 个月，即视为送达。</td></tr>
<tr><td>②人民法院一审时采取公告方式向当事人送达诉讼文书的，二审时可径行采取公告方式向其送达诉讼文书，但人民法院能够采取公告方式之外的其他方式送达的除外。</td></tr>
<tr><td>③对在我国领域内没有住所的当事人，经用公告方式送达诉讼文书，公告期满不应诉，人民法院缺席判决后，仍应当将裁判文书公告送达。</td></tr>
</table>

续表

向我国送达	(1) 三种方式：①条约途径；②外交途径；③外国驻华使领馆途径，向其本国公民，但不得采取强制措施。
	(2) 不接受的方式：①邮寄送达；②利害关系人送达；③外交人员或领事向非派遣国国民送达；④主管人员直接送达。

2.《海牙送达公约》的主要内容

中央机关送达	(1) 每一缔约国须指定一中央司法机关。
	(2) 流程：外国法院——外国中央司法机关（外国驻华使领馆或外国法院）——司法部——最高法院——有关人民法院——受送达人（经最高院授权的高院可以直接对外请求）
	(3) 拒绝送达：被请求国认为执行请求将损害其主权或安全时才可拒绝执行。
	(4) 不能拒绝送达：①有关期限已过；②专属管辖；③被请求国法律不承认对该事项提起诉讼的权利；④文书未附有中文译本。但受送达人有权以未附中文译本为由拒收。外国需要提供译文的，应当委托我国领域内的翻译机构进行翻译。
其他送达方式	外交人员或领事直接送达，我国声明“只有文书须送达给文书发出国公民时”，才能采用。直接邮寄送达、主管人员直接送达和利害关系人直接送达，我国声明反对在我国境内采用。

点睛之笔

“中央机关”的指定及其送达方式是公约的核心内容，也是考试的重点。每一缔约国均应指定一个中央机关，负责接收来自其他缔约国的送达请求书，并自行送达该文书或安排经由一适当机关使之得以送达。我国批准加入《海牙送达公约》时，指定我国司法部作为中央机关和有权接受外国通过领事途径转递的文书的机关。某外国缔约国向我国送达文书即可通过其指定的中央司法机关或驻华使领馆将文书交由司法部，我国法院也可以利用这种方式向域外送达。

最爱考

1. 我国法院需要依《海牙送达公约》向居住在其他缔约国的被告送达司法文书的，应由外交部送交对方国家的中央机关。

2. 甲国与中国均为1965年在海牙签订的《关于向国外送达民事或商事司法文书和司法外文书公约》的缔约国。现甲国法院依该公约向总部设在南京的东陵公司送达若干司法文件。执行送达的人民法院如果发现其中确定的出庭日期已过，则应直接将该等司法文书退回，不再向东陵公司送达。

3. 一项涉外民事诉讼案件中，若境外当事人为外国公司，人民法院可委托我国驻该国使领馆送达。

4. 如果受送达人在授权委托书中明确表明其诉讼代理人无权代为接收有关司法文书，则人民法院不能向该诉讼代理人送达。

5. 一项涉外民事诉讼案件中，境外当事人位于《关于向国外送达民事或商事司法文书和司法外文书公约》（《海牙送达公约》）缔约国境内的，除该国与我国之间的双边条约另有规定的，应首先采用该公约规定的送达方式向该当事人送达。

6. 一项涉外民事诉讼案件中，只有经过受送达人的授权，人民法院才可以向其分支机构和业务代办人送达。

7. 向域外进行邮寄送达，送达回证没有退回，自邮寄之日起满 3 个月的，视为送达。

［答案］

1. 错误。

2. 错误。

3. 错误。只能委托我国驻外国使领馆向境外的我国公民送达。

4. 正确。

5. 错误。除了公告送达方式，其他送达方式人民法院可以根据实际情况依便民高效的原则选择适用。错在“首先”二字。

6. 正确。

7. 错误。自邮寄之日起满 3 个月，送达回证没有退回，但根据各种情况足以认定已经送达的，期间届满之日视为送达。

考点 61：我国关于域外取证的规定★★★

代为取证（司法机关与司法机关之间，仅限于用于司法程序的证据）	1. 应该以请求书方式进行。
	2. 每个国家应指定一个中央司法机关（我国司法部）［经最高院授权的高院可以直接对外请求］。
	3. 程序原则上依据被请求国法，应要求，可以特殊方式。
	4. 拒绝理由： （1）在执行国，该请求书的执行不属于司法机关的职权范围； （2）被请求国认为，请求书的执行将会损害其主权和安全。
	5. 不能拒绝的情况： （1）被请求国对该案专属管辖权； （2）被请求国法律不承认对该事项提起诉讼的权利。
使领馆取证	我国允许，但只能向其本国公民取证，并不得采取强制措施。
特派员取证	我国原则上不允许。
自行取证	

点睛之笔

1. 根据《海牙取证公约》的相关规定，代为取证应以请求书的方式进行，具体有四个要点需要把握：

（1）根据公约规定，请求应由缔约国的司法机关以请求书的形式提出；

（2）每一缔约国应指定一个中央机关负责接收来自另一缔约国司法机关的请求书，并将其转交给执行请求的主管机关。我国的指定机关为司法部；

（3）委托方向另一缔约方请求调取的证据仅限于用于司法程序的证据；

（4）执行请求原则上应依被请求国国内法进行，但是也可依请求机关的要求，依特殊方式进行。

2. 人民法院委托外国送达民商事案件司法文书和进行民商事案件调查取证，需要提供译文的，应当委托中国领域内的翻译机构进行翻译。

最爱考

1. 在我国法院审理的一个涉外诉讼案件中，需要从甲国调取某些证据。赵律师作为中方当事人的诉讼代理人，可以依照《海牙取证公约》请求甲国法院调取所需的证据。

2. 在我国法院审理的一个涉外诉讼案件中，需要从甲国调取某些证据。甲国是《海牙取证公约》缔约国，根据该公约，调取证据的请求，应以请求书的方式提出。

3. 在我国法院审理的一个涉外诉讼案件中，需要从甲国调取某些证据。甲国是《海牙取证公约》缔约国，根据该公约，调取证据的请求书应通过我国外交部转交甲国的中央机关。

4. 在我国法院审理的一个涉外诉讼案件中，需要从甲国调取某些证据。中国驻甲国的领事代表在其执行职务的区域内，可以在不采取强制措施的情况下向华侨取证。

［答案］

1. 错误。律师不可以根据公约代为取证。

2. 正确。

3. 错误。通过司法部转交。

4. 正确。

考点 62：承认与执行判决裁定★★

<table>
<tr><td>向外国法院申请承认与执行我国法院的判决裁定</td><td colspan="3">1. 申请：可以由当事人直接向有管辖权的外国法院申请；也可以由人民法院依照条约或者互惠原则，请求外国法院承认和执行。</td></tr>
<tr><td></td><td colspan="3">2. 是否、如何执行：根据该外国与我国缔结的条约或其国内法来确定。</td></tr>
<tr><td rowspan="3">向我国法院申请执行外国法院判决裁定</td><td>1. 管辖法院</td><td colspan="2">当事人、外国法院申请，在我国有管辖权的法院为被执行人住所地或财产所在地中级人民法院。</td></tr>
<tr><td rowspan="2">2. 审查内容</td><td rowspan="2">（1）审查条约或互惠关系</td><td>①没有，不予承认和执行，裁定驳回申请。例外：当事人向人民法院申请承认外国法院作出的发生法律效力的离婚判决的除外。
［注意］此种情况只承认解除夫妻身份关系的内容，财产分割、生活费负担、子女抚养等不承认。</td></tr>
<tr><td>②有，依法继续审查，符合条件的承认执行。</td></tr>
</table>

续表

向我国法院申请执行外国法院判决裁定	2. 审查内容	(2) 必须是已经发生法律效力的判决或裁定。
		(3) 原判决国法院必须有管辖权。
		(4) 审判程序公正。
		(5) 不与正在我国国内进行或已经终结的诉讼相冲突。
		(6) 关于缺席判决：在互惠机制下，如系缺席判决，胜诉一方当事人必须提供文件证明败诉一方被适当送达或者判决本身明确载有适当送达当事人的内容。如申请承认的是离婚判决，该外国离婚判决是在被告缺席且未得到合法传唤情况下作出的，人民法院不予承认。
		(7) 外国判决、裁定不违反我国法律基本原则，或者不危害我国国家主权、安全和社会公共利益。
	3. 结果	(1) 经审查，符合条件的，裁定承认其效力，需要执行的，发出执行令。
		(2) 承认和执行申请被裁定驳回的，当事人可以向人民法院起诉。

点睛之笔

1. 我国判决向外国法院申请承认与执行的主体有两种情况：一是当事人直接申请；二是人民法院依条约或互惠原则向外国法院申请。

2. 专属管辖可以成为拒绝承认（认可）和执行法院判决的理由，但不能成为拒绝其他司法协助事项的理由。

3. 若外国判决未获我国法院的承认与执行，当事人可以就该案件向我国法院起诉，由有管辖权的法院作出判决并予以执行。

最爱考

1. 承认和执行该判决的请求须由该外国法院向中国法院提出，不能由当事人向中国法院提出。

2. 当事人向人民法院申请承认和执行一项外国法院民事判决，该外国与我国没有相应的条约和互惠关系，则此时人民法院应驳回当事人的诉讼请求。

3. Y 国人朴某与中国人杨某在 Y 国诉讼离婚，杨某向中国某法院申请承认 Y 国法院的判决。中国和 Y 国之间没有关于法院判决承认和执行的双边协议，也没有相应的互惠关系，法院应因此拒绝承认 Y 国的离婚判决。

4. 甲国 A 公司和中国 B 公司合资设立住所地在中国 C 区的 D 公司，双方在合资合同中约定争议由甲国法院管辖。后 A、B 两公司就合资合同的履行引发争议，A 公司诉至甲国某法院。中国 B 公司未出庭，也未作任何回应，甲国法院作出缺席判决。现甲国 A 公司向中国某法院申请承认和执行该判决，则中国法院可以专属管辖为由拒绝承认和执行甲国判决。

［答案］

1. 错误。
2. 错误。
3. 错误。
4. 正确。

专题十二 PROJECT TWELVE 我国关于涉外商事仲裁的规则

考点63：仲裁协议的效力认定★★★

1. 仲裁协议效力认定机构之冲突解决	（1）人民法院和仲裁委员会。 （2）一方请求法院裁定，一方请求仲裁机构认定的，由法院裁定。 （3）仲裁机构已经认定，当事人向法院申请确认仲裁协议效力或者申请撤销仲裁机构的决定的，人民法院不予受理。 （4）在仲裁庭首次开庭前没有提出异议，而后向人民法院申请确认仲裁协议无效的，人民法院不予受理。
2. 管辖法院	（1）申请确认仲裁协议效力的案件，由仲裁协议约定的仲裁机构所在地、仲裁协议签订地、申请人住所地、被申请人住所地的中级人民法院或者专门人民法院管辖。 （2）申请人向两个以上有管辖权的人民法院提出申请的，由最先立案的人民法院管辖。 （3）人民法院审查仲裁司法审查案件，应当组成合议庭并询问当事人。
3. 法律适用	（1）当事人可以协议选择仲裁协议适用的法律，当事人没有选择的，适用仲裁机构所在地法律或者仲裁地法律。仲裁协议未约定仲裁机构和仲裁地，但根据仲裁协议约定适用的仲裁规则可以确定仲裁机构或者仲裁地的，以之为准。 （2）当事人没有选择适用的法律，适用仲裁机构所在地的法律与适用仲裁地的法律将对仲裁协议的效力作出不同认定的，人民法院应当适用确认仲裁协议有效的法律。 （3）当事人没有选择涉外仲裁协议适用的法律，也没有约定仲裁机构或者仲裁地，或者约定不明的，人民法院可以适用我国法律认定该仲裁协议的效力。 （4）当事人协议选择确认涉外仲裁协议效力适用的法律，应当作出明确的意思表示，仅约定合同适用的法律，不能作为确认合同中仲裁条款效力适用的法律。
4. 约定不明的仲裁协议效力认定	（1）仲裁协议（或条款）的内容： ①请求仲裁的意思表示； ②仲裁事项； ③选定的仲裁委员会。 （2）原则：凡当事人自愿达成的仲裁协议，且能够执行的，一般应当确认该仲裁协议的效力。

续表

4. 约定不明的仲裁协议效力认定	（3）约定不明确的争议情况处理： ①仲裁协议约定的仲裁机构名称不准确，但能够确定具体的仲裁机构的，应认定选定了仲裁机构； ②仲裁协议仅约定纠纷适用的仲裁规则的，视为未约定仲裁机构，但达成补充协议或根据该仲裁规则能确定仲裁机构的除外； ③仲裁协议约定两个以上仲裁机构的，当事人可以协议选择其中的一个仲裁机构申请仲裁；当事人不能就仲裁机构选择达成一致的，仲裁协议无效； ④仲裁协议约定由某地的仲裁机构仲裁：该地只有一个仲裁机构，该仲裁机构视为约定的仲裁机构；该地有两个以上仲裁机构的，协议选择一个仲裁，不能达成一致的，无效； ⑤当事人约定争议可以向仲裁机构申请仲裁也可以向人民法院起诉的，仲裁协议无效。但一方申请仲裁，另一方未在仲裁庭首次开庭前提出异议的除外。
5. 内部报核制度	（1）各中级人民法院或者专门人民法院办理涉外涉港澳台仲裁司法审查案件，经审查拟认定仲裁协议无效，不予执行或者撤销我国内地仲裁机构的仲裁裁决，不予认可和执行香港特别行政区、澳门特别行政区、台湾地区仲裁裁决，不予承认和执行外国仲裁裁决，应当向本辖区所属高级人民法院报核；高级人民法院经审查拟同意的，应当向最高人民法院报核。待最高人民法院审核后，方可依最高人民法院的审核意见作出裁定。 （2）上级人民法院收到下级人民法院的报核申请后，认为案件相关事实不清的，可以询问当事人或者退回下级人民法院补充查明事实后再报。 （3）上级人民法院应当以复函的形式将审核意见答复下级人民法院。

点睛之笔

1. 从应对法考的角度，关于商事仲裁的分类，可以做如下简单地理解：

（1）内国仲裁，是指国内的仲裁机构在国内作出的仲裁裁决。分为国内仲裁和涉外仲裁两种：国内仲裁即不含有任何外国因素的国内仲裁；涉外仲裁是指国内的仲裁机构对涉外民商事案件作出的仲裁裁决。

（2）外国仲裁，是指外国仲裁的仲裁机构在外国作出的仲裁裁决。外国仲裁包括机构仲裁和临时仲裁。机构仲裁，就是由一个常设的仲裁机构进行仲裁。临时仲裁是相对机构仲裁而言的仲裁制度。当事人自己依协议组建仲裁庭或即使常设仲裁机构介入，仲裁机构也不进行程序上的管理，而是由当事人依协议约定临时程序或参考某一特定的仲裁规则或授权仲裁庭自选程序，这种形式的仲裁即为临时仲裁。两者的法律地位相同。

2. 外国仲裁和涉外仲裁统称国际商事仲裁，属于国际私法的研究范围，也是我们国际私法中要考查的内容。

3. 根据《中国国际经济贸易仲裁委员会仲裁规则》：

（1）凡当事人同意将争议提交仲裁委员会仲裁的，均视为同意按照本规则进行仲裁。当事人约定适用其他仲裁规则，或约定对本规则有关内容进行变更的，从其约定，但其约定无法实施或与仲裁地强制性法律规定相抵触者除外。

（2）当事人对仲裁协议及/或仲裁案件管辖权的异议，应当在仲裁庭首次开庭前书面提出；书面审理的案件，应当在第一次实体答辩前提出。

4. 针对认定涉外仲裁协议无效的内部报核制度，强调以下两点：

（1）拟认定涉外涉港澳台的仲裁协议无效的，才上报，拟认定有效的毋须上报；

（2）认定涉外涉港澳台的仲裁协议无效的最终决定权由最高人民法院行使。

最爱考

1. 某国甲公司与中国乙公司订立买卖合同，概括性地约定有关争议由“中国贸仲”仲裁，也可以向法院起诉。后双方因违约责任产生争议。关于该争议的解决，依我国相关法律规定，如某国甲公司不服仲裁机构对仲裁协议效力作出的决定，向我国法院申请确认协议效力，我国法院可予受理。

2. 中国A公司与甲国B公司签订货物买卖合同，约定合同争议提交中国C仲裁委员会仲裁，仲裁地在中国，但对仲裁条款应适用的法律未作约定。后因货物质量问题双方发生纠纷。对本案仲裁条款的效力，如A公司请求C仲裁委作出决定，B公司请求中国法院作出裁定的，由中国法院裁定。

3. 中国A公司与德国B公司因双方合同中仲裁条款的效力问题在我国涉诉。双方在合同中约定仲裁机构为设在巴黎的国际商会仲裁院，仲裁地为斯德哥尔摩，但对该仲裁条款应适用的法律未作约定。依我国现行法律，我国法院审查该仲裁条款效力时，应适用瑞典法律。

4. 中国甲公司与外国乙公司在合同中约定，合同争议提交中国国际经济贸易仲裁委员会仲裁，仲裁地在北京。双方未约定仲裁规则及仲裁协议适用的法律。如当事人将仲裁协议效力的争议诉至中国法院，应适用中国法。

5. 仲裁协议约定两个以上仲裁机构的，并非发生争议时，当事人可以随意选择其中的一个进行仲裁，而是要达成补充协议选择其中的一个去仲裁，若达不成补充协议的，则仲裁协议无效。

6. 中国公民李某与英国人布朗订立了一项仲裁协议，若该仲裁协议仅约定，将来发生的争议提交北京市的仲裁委员会进行仲裁，则可以视为他们对仲裁机构进行了有效的选择。

［答案］

1. 错误。

2. 正确。

3. 错误。应适用瑞典法律或法国法律。本案属于当事人没有选择仲裁协议适用法律的情况，故可以适用仲裁机构所在地法律，即法国法，或者仲裁地法律，即瑞典法。

4. 正确。

5. 正确。

6. 错误。北京市有若干仲裁机构，这时要达成补充协议选择其中的一个去仲裁，达不成补充协议的，仲裁协议无效。

考点 64：涉外仲裁裁决的撤销★

<table>
<tr><td>申请撤销的法院</td><td>向仲裁机构所在地的中级人民法院申请撤销。</td></tr>
<tr><td>撤销裁决的理由</td><td>当事人提出证据证明涉外仲裁裁决有下列情形之一的，裁定撤销：
1. 当事人在合同中没有订有仲裁条款或者事后没有达成书面仲裁协议的；
2. 被申请人没有得到指定仲裁员或者进行仲裁程序的通知，或者由于其他不属于被申请人负责的原因未能陈述意见的；
3. 仲裁庭的组成或者仲裁程序与仲裁规则不符的；
4. 裁决的事项不属于仲裁协议的范围或者仲裁机构无权仲裁的；
5. 违背公共利益的（该项由法院审查认定）。
[总结]
1. 适用法律错误、主要证据不足不是撤销涉外仲裁裁决的理由；
2. 撤销涉外仲裁裁决与撤销国内仲裁裁决的理由不同；
3. 人民法院不能撤销外国仲裁裁决。</td></tr>
<tr><td>内部报核制度</td><td>各中级人民法院或者专门人民法院办理涉外涉港澳台仲裁司法审查案件，经审查拟认定仲裁协议无效，不予执行或者撤销我国内地仲裁机构的仲裁裁决，不予认可和执行香港特别行政区、澳门特别行政区、台湾地区仲裁裁决，不予承认和执行外国仲裁裁决，应当向本辖区所属高级人民法院报核；高级人民法院经审查拟同意的，应当向最高人民法院报核。待最高人民法院审核后，方可依最高人民法院的审核意见作出裁定。</td></tr>
<tr><td rowspan="2">法律后果</td><td>1. 对于人民法院撤销仲裁裁决或驳回当事人申请的裁定，当事人无权提出上诉及申诉，人民检察院也不能提起抗诉。</td></tr>
<tr><td>2. 一项涉外仲裁裁决被人民法院撤销后，当事人可以依据重新达成的仲裁协议申请仲裁，也可以直接向有管辖权的法院起诉。</td></tr>
</table>

点睛之笔

1. 当事人以仲裁裁决事项超出仲裁协议范围为由申请撤销仲裁裁决，经审查属实的，人民法院应当撤销仲裁裁决中的超裁部分。但超裁部分与其他裁决事项不可分的，人民法院应当撤销仲裁裁决。

2. 撤销国内仲裁裁决与撤销涉外仲裁裁决的法定理由不同。比如，“裁决所根据的证据是伪造的”以及“仲裁员在仲裁该案时有贪污受贿，徇私舞弊，枉法裁决行为的”等情形是撤销国内仲裁裁决的理由，但并非撤销涉外仲裁裁决的理由。

3. 为慎重起见，撤销涉外涉港澳台仲裁裁决须遵守最高人民法院规定的内部报核制度。此处着重把握两点：

（1）人民法院在拟裁定撤销涉外涉港澳台仲裁裁决的，才上报，拟认定不撤销的无需上报；

（2）裁定撤销涉外涉港澳台仲裁裁决的最终决定权由最高人民法院行使。

最爱考

1. 中国公司与新加坡公司协议将其货物买卖纠纷提交设在中国某直辖市的仲裁委员会仲裁。经审理，仲裁庭裁决中国公司败诉。中国公司试图通过法院撤销该仲裁裁决。中国公司可以向该市高级人民法院提出撤销仲裁裁决的申请。

2. 人民法院可依“裁决所根据的证据不充分”这一理由撤销一项涉外仲裁裁决。

3. 如有权受理撤销涉外仲裁裁决请求的法院作出了驳回该请求的裁定，当事人可以对该裁定提起上诉。

4. 当事人将一项涉外仲裁裁决提请人民法院撤销，受理该请求的法院在裁定撤销该仲裁裁决前须报上一级人民法院审查。

［答案］

1. 错误。中院。
2. 错误。
3. 错误。
4. 正确。

考点 65：国际商事仲裁裁决的执行★★

1.《纽约公约》的主要内容

《纽约公约》的主要内容	（1）原则性规定	缔约国相互承认仲裁裁决具有约束力，并应依照承认与执行地的程序规则予以执行。
	（2）拒绝的理由	①签订仲裁协议的当事人无行为能力，或仲裁协议无效（依据当事人约定的法律；或者当事人未约定法律时，依据仲裁地法律）； ②被执行人未接到关于指派仲裁员或关于仲裁程序的适当通知，或者由于其他情况未能在案件中进行申辩； ③裁决所处理的事项不是当事人交付仲裁的事项，或者不包括在仲裁协议规定之内，或者超出了仲裁协议的范围。但是，如仲裁裁决可分，未超出部分仍然可予以承认和执行； ④仲裁庭的组成或仲裁程序与当事人之间的协议不符； ⑤裁决尚未发生法律效力； ⑥依照执行地国的法律，争议事项不可以用仲裁的方式加以解决； ⑦承认与执行该裁决违反承认与执行地国的公共政策。（最后两项缔约国法院须主动审查）
我国加入公约的保留	（1）互惠保留	我国只对在另一缔约国领土内作出的裁决适用该公约；
	（2）商事保留	我国仅对那些按照我国法律属于契约性或非契约性商事法律关系所引起的争议所作的裁决适用公约的规定。

点睛之笔

1. 关于《纽约公约》规定的拒绝承认与执行外国仲裁裁决的理由：

（1）《纽约公约》第5条规定的拒绝承认与执行外国仲裁裁决的理由共有7项，与前述我国所规定的撤销涉外仲裁裁决的理由基本一致，只多了“裁决尚未发生法律效力，或者裁决已经由作出裁决的国家或根据其法律作出裁决的国家的主管机关撤销或停止执行”一种情况；

（2）其中，前面五项由缔约国法院依被执行人的申请予以认定，而后面两项则须由缔约国法院依职权主动查明；

（3）缔约国相互承认仲裁裁决具有约束力，并应依照承认与执行地的程序规则予以执行。只有满足公约第5条第1款和第2款规定情形的，才能拒绝承认与执行外国仲裁裁决。除此之外，再无其他情况，故该公约第5条的规定已经穷尽了拒绝承认与执行外国仲裁裁决的理由。

2. 在适用公约的规定时，我国作了互惠和商事两项保留：

（1）互惠保留，即我国只对在另一缔约国领土内作出的裁决适用该公约。此处是以仲裁裁决在缔约国领土内作出作为标准，与当事人的国籍无关。

（2）商事保留，即我国仅对那些按照我国法律属于契约性或非契约性商事法律关系所引起的争议所作的裁决适用公约的规定。如他国在婚姻、继承等事项作出的仲裁裁决，还有ICSID作出的解决国家与他国国民投资争端仲裁裁决都不是在契约性或非契约性商事法律关系所引起的争议上所作的裁决，因而在我国不能对之适用该公约。

2. 国际商事仲裁裁决的执行

<table>
<tr><td rowspan="6">在我国执行</td><td rowspan="5">涉外仲裁裁决</td><td>（1）管辖法院</td><td>被执行人住所地或被执行财产所在地的中级人民法院。</td></tr>
<tr><td>（2）不予执行的理由</td><td>同撤销涉外仲裁裁决的理由。
仲裁机构裁决的事项，部分有上述情形的，人民法院应当裁定对该部分不予执行。</td></tr>
<tr><td>（3）内部报核</td><td>各中级人民法院或者专门人民法院办理涉外涉港澳台仲裁司法审查案件，经审查拟认定仲裁协议无效，不予执行或者撤销我国内地仲裁机构的仲裁裁决，不予认可和执行香港特别行政区、澳门特别行政区、台湾地区仲裁裁决，不予承认和执行外国仲裁裁决，应当向本辖区所属高级人民法院报核；高级人民法院经审查拟同意的，应当向最高人民法院报核。待最高人民法院审核后，方可依最高人民法院的审核意见作出裁定。</td></tr>
<tr><td rowspan="2">（4）不予执行的救济</td><td>①裁决作出后，当事人就同一纠纷再申请仲裁或者向人民法院起诉的，仲裁委员会或者人民法院不予受理。</td></tr>
<tr><td>②裁决被人民法院依法裁定不予执行的，重新达成的仲裁协议申请仲裁，也可以向人民法院起诉。</td></tr>
<tr><td>外国仲裁裁决</td><td>（1）管辖法院</td><td>①被执行人住所地或者财产所在地的中级人民法院申请。
②外国仲裁裁决与人民法院审理的案件存在关联，被申请人住所地、被申请人财产所在地均不在我国内地，申请人申请承认外国仲裁裁决的，由受理关联案件的人民法院管辖。</td></tr>
</table>

续表

<table>
<tr><td rowspan="3">在我国执行</td><td rowspan="3">外国仲裁裁决</td><td>（1）管辖法院</td><td>③受理关联案件的人民法院为基层人民法院的，申请承认外国仲裁裁决的案件应当由该基层人民法院的上一级人民法院管辖。受理关联案件的人民法院是高级人民法院或者最高人民法院的，由上述法院决定自行审查或者指定中级人民法院审查。
④外国仲裁裁决与我国内地仲裁机构审理的案件存在关联，被申请人住所地、被申请人财产所在地均不在我国内地，申请人申请承认外国仲裁裁决的，由受理关联案件的仲裁机构所在地的中级人民法院管辖。</td></tr>
<tr><td rowspan="2">（2）案件处理</td><td>①如果仲裁地所在国与我国有条约关系或互惠关系的，如果认为符合条件的，应当裁定承认和执行。具体做法：予以承认与执行的，应在受理申请之日起 2 个月内作出裁定，无特殊情况，应在裁定后 6 个月内执行完毕。</td></tr>
<tr><td>②没有条约和互惠关系，或者不满足公约条件的，决定不予承认和执行，要奉行内部报核制度。当事人应该以该裁决为依据向有管辖权的人民法院起诉，由法院作出判决，予以执行。</td></tr>
<tr><td rowspan="2">在外国执行</td><td colspan="3">（1）《纽约公约》成员国，依《纽约公约》；</td></tr>
<tr><td colspan="3">（2）非《纽约公约》的成员国，当事人向外国法院申请承认与执行，由该国法院根据有关司法协助条约或其本国法律裁定。</td></tr>
</table>

点睛之笔

不予执行涉外仲裁的理由与撤销涉外仲裁裁决的法律理由相同，但有管辖权的法院不同。

最爱考

1. 中国和甲国均为《承认及执行外国仲裁裁决公约》缔约国，而乙国不是该公约缔约国。现甲国某申请人向中国法院申请承认和执行在乙国作出的一项仲裁裁决。对该申请，我国法院不能适用公约，因为该裁决由乙国作出，不符合我国的互惠保留。

2. 中国和甲国均为《纽约公约》缔约国。现甲国某申请人向中国法院申请承认和执行在甲国作出的一项仲裁裁决。如果该裁决为甲国仲裁机构在中国投资者与甲国政府间投资争端的事项上作出的，则法院应适用公约。

3. 中国和甲国均为《纽约公约》缔约国。现甲国某申请人向中国法院申请承认和执行在甲国作出的一项仲裁裁决。被执行人为中国法人的，应由该法人营业地所在地法院管辖。

4. 中国和甲国均为《纽约公约》缔约国。现甲国某申请人向中国法院申请承认和执行在甲国作出的一项仲裁裁决。人民法院应依职权主动审查该仲裁过程中是否存在仲裁程序与仲裁协议不符的情况。

5. 中国甲公司与日本乙公司的商事纠纷在日本境内通过仲裁解决。因甲公司未履行裁决，乙公司向某人民法院申请承认与执行该裁决。中日均为

《纽约公约》缔约国，关于该裁决在中国的承认与执行，如该裁决是由临时仲裁庭作出的，该人民法院应拒绝承认与执行。

6. 甲国公民左某宁欲向中国法院申请承认并执行一项在甲国境内作出的仲裁裁决。中国与甲国均为《承认与执行外国仲裁裁决公约》成员国。左某宁应通过甲国法院向被执行人住所地或其财产所在地的中级人民法院申请。

7. 如当事人仅申请承认而未同时申请执行一项外国仲裁裁决，人民法院可以对是否执行一并作出裁定。

［答案］

1. 正确。

2. 错误。不符合商事保留。

3. 错误。

4. 错误。

5. 错误。

6. 错误。当事人自己提申请，而不须通过甲国法院。

7. 错误。

一招制敌

总结一下，报至最高院的内部报核制度主要适用于六种情况：

（1）拟认定涉外涉港澳台仲裁协议无效时；

（2）拟撤销涉外涉港澳台仲裁裁决；

（3）拟不予执行涉外涉港澳台仲裁裁决；

（4）拟不予认可和执行港澳台地区仲裁裁决；

（5）拟不予承认和执行外国仲裁裁决；

（6）拟受理在中国享有特权与豁免的主体为被告、第三人的民事案件。

这六种情况都有两个关键点：（1）拟作否定性评价才上报，如否定仲裁协议或裁决、否定享有管辖豁免权；（2）最终决定权都由最高人民法院行使。

专题十三 PROJECT THIRTEEN 区际司法协助

考点66：区际文书送达★★

1. 区际文书送达与域外文书送达的异同

<table>
<tr><td rowspan="2">送达方式的异同</td><td>向域外送达方式（11种）</td><td>（1）国际条约；
（2）外交途径；
（3）使领馆途径（向中国人）；
（4）诉讼代理人（排除授权）；
（5）代表机构；
（6）分支机构和业务代办人（经受送达人授权）；
（7）邮寄（受送达人所在国法律允许，期限3个月）；
（8）留置送达（人民法院向在内地的受送达人或者受送达人的法定代表人、主要负责人、诉讼代理人、代表机构以及有权接受送达的分支机构、业务代办人送达司法文书时，可以适用留置送达的方式）；
（9）直接送达：受送达人或其法定代表人、主要负责人在我国领域内的；
（10）传真、电子邮件等方式（能够确认收悉）；
（11）公告（兜底方式，3个月）。</td></tr>
<tr><td>区际送达方式（向港澳送达8+1+1种，向台送达8+1+1种）</td><td>（1）域外送达的11种方式中，第（4）——（11）种方式也适用于向港、澳、台的送达。
（2）委托送达：内地与港、澳、台的相互委托送达存在区别。
（3）向港澳还有多种方式送达。除公告送达方式外，人民法院可以同时采取多种法定方式向受送达人送达。采取多种方式送达的，应当根据最先实现送达的方式确定送达日期。注意：此处的公告送达不能与其他方式并用。
（4）向台湾地区送达还可采用“指定代收人”方式。</td></tr>
<tr><td>细节上的重要区别</td><td colspan="2">（1）内地与港澳台相互委托送达的不同；（详见下表）
（2）直接送达的不同。涉台的规定，受送达人是自然人，本人不在的，可以交其同住成年家属签收。</td></tr>
</table>

点睛之笔

1. 域外送达的前3种方式不能适用于内地与港澳台的送达。后面的8种方式，除后文有特别之处，与向域外送达的规定基本一致，考生可以结合域外送达的要点一并掌握。

2. 向港澳送达的“8+1+1”送达方式：“8”指向域外送达11种方式中的后8种；后面的第一个“1”指的是委托送达的方式；第二个“1”指的是多种方式送达。向台送达的“8+1+1”送达方式，与之略有不同：“8”指向域外送达11种方式中的后8种；后面的第一个“1”指的是委托送达的方式；第二个“1”指的是指定代收人的方式，该种方式是大陆法院向住所地在台湾地区的当事人送达的特有方式。

2. 区际委托送达文书的异同

	内地与香港	内地与澳门	大陆与台湾
机构	内地高院←→香港高等法院 内地最高法→香港高等法院	内地高院←→澳门终审法院 内地最高法←→澳门终审法院 经与澳门特别行政区终审法院协商，最高法院可以授权部分中院、基层法院与澳门特别行政区终审法院相互委托送达和调取证据。	大陆高院←→台湾地区法院
“司法协助网络平台”的转递方式	无。	双方相互委托送达司法文书和调取证据，通过内地与澳门司法协助网络平台以电子方式转递；不能通过司法协助网络平台以电子方式转递的，采用邮寄方式。通过司法协助网络平台以电子方式转递的司法文书、证据材料等文件与原件具有同等效力。	无。
关于委托书（函）签章	委托书盖有法院印章	委托书（1）盖有法院印章；或者（2）法官签名。	委托函盖有法院印章
不能送达的结果反馈	受委托方无法送达的，应当在送达回证或者证明书上注明妨碍送达的原因、拒收事由和日期，并及时退回委托书及所附全部文书。	受委托方法院无法送达的，应当在送达回证或者送达证明书上注明妨碍送达的原因、拒收事由和日期，并及时书面回复委托方法院。 ［注意］无须退回委托书及所附全部文件。	人民法院按照委托函中的受送达人姓名或者名称、地址不能送达的，应当附函写明情况，将委托送达的民事诉讼文书退回。
期限	自收到委托书起2个月		大陆法院自收到台湾法院委托函起2个月

点睛之笔

内地与港澳台相互委托送达的不同主要体现在以下几点：

1. 机构不同：

（1）最高人民法院的司法文书可以直接委托香港特别行政区高等法院送达，可见香港高等法院不能直接委托内地最高人民法院送达文书；而最高人民法院与澳门特别行政区终审法院可以直接相互委托送达；

（2）经与澳门特别行政区终审法院协商，最高法院可以授权部分中院、基层法院与澳门特别行政区终审法院相互委托送达和调取证据。而内地与香港则无此规定。

2. 双方相互委托送达司法文书和调取证据，通过内地与澳门司法协助网络平台以电子方式转递；不能通过司法协助网络平台以电子方式转递的，采用邮寄方式。而内地与香港、大陆与台湾则无此规定。

3. 委托书（函）的签章：内地与澳门委托送达文书的委托书签章有两种形式：（1）盖有法院印章；（2）法官签名。而内地与香港、大陆与台湾只一种法院盖章，无法官签名方式。

4. 不能送达的结果反馈不同：内地与澳门委托送达文书，受委托法院无法送达的，及时书面回复委托方法院，无须退回委托书及所附全部文件。而内地与香港、大陆与台湾则须及时退回。

最爱考

1. 北京市海淀区法院审理一涉港案件，需要向香港的当事人送达文书。此时，即可通过北京市高院委托香港高等法院送达，但是海淀区法院不能直接委托香港高等法院。

2. 位于广东的一企业与香港公司因供货争议诉诸内地法院，香港公司主要负责人到广州出差时，受案法院须通过上一级人民法院向其送达。

3. 人民法院审理一涉港案件，只要是该香港公司在内地的业务代办人，即可向其送达。

4. 在邮寄送达的情况下，虽然受送达人香港公司向人民法院提及了送达文书的内容，但自邮寄之日起满三个月未收到送达与否的证明文件，则不能认为已送达。

5. 向在澳门的受送达人进行送达，同时采用公告送达和其他多种方式送达的，应当根据最先实现送达的方式确定送达日期。

［答案］

1. 正确。

2. 错误。

3. 错误。

4. 错误。

5. 错误。公告送达与其他送达方式不能并用。

考点 67：区际调取证据之内地与澳门相互委托调取证据安排★★

期限要求	内地与澳门关于相互委托取证的安排，其程序与内地和澳门相互委托送达程序基本一致，但完成受托事项的期限为不得超过自收到委托书之日起 3 个月。

续表

司法协助网络平台	双方相互委托送达司法文书和调取证据，通过内地与澳门司法协助网络平台以电子方式转递；不能通过司法协助网络平台以电子方式转递的，采用邮寄方式。
询问证人、鉴定人	受委托方法院在执行委托调取证据时，根据委托方法院的请求，可以允许委托方法院派司法人员出席。必要时，经受委托方允许，委托方法院的司法人员可以向证人、鉴定人等发问。
结果反馈	受委托方法院完成委托调取证据的事项后，应当向委托方法院书面说明。未能按委托方法院的请求全部或者部分完成调取证据事项的，受委托方法院应当向委托方法院书面说明妨碍调取证据的原因，采取邮寄方式委托的，应及时退回委托书及所附文件。
证人、鉴定人的豁免权	证人、鉴定人为作证、鉴定需要在委托方地域内逗留期间，对其之前行为享有豁免权。证人、鉴定人完成所需诉讼行为，且可自由离开委托方地域后，在委托方境内逗留超过 7 天，或者已离开委托方地域又自行返回时，豁免即行终止。
证人视频、音频作证	受委托方法院可以根据委托方法院的请求，并经证人、鉴定人同意，协助安排其辖区的证人、鉴定人通过视频、音频作证。

最爱考

1. 内地某中级法院审理一起涉及澳门特别行政区企业的商事案件，需委托澳门特别行政区法院进行司法协助。该案件司法文书送达的委托，应通过该中级法院所属高级法院转交澳门特别行政区终审法院。

2. 内地法院审理一涉澳案件，需要一澳门证人来内地作证。该证人来到内地之后，内地公安机关发现，其为 5 年前内地一诈骗案件的犯罪嫌疑人，此时，内地公安机关可趁其来内地作证之机，将其抓捕归案。

［答案］

1. 错误。

2. 错误。

考点 68：区际法院判决的认可与执行★★★

		内地与香港	内地与澳门	大陆与台湾
区际法院判决认可与执行的区别	法律依据	（1）2019 年双边相互认可和执行民商事判决的安排； （2）2017 年双边相互认可和执行婚姻家庭民事案件判决的安排。	2006 年双边相互认可和执行民商事判决的安排。	2015 年关于认可和执行台湾地区法院民事判决的规定（单边：仅限台湾判决在大陆申请认可与执行）。

续表

<table>
<tr><th colspan="2"></th><th>内地与香港</th><th>内地与澳门</th><th>大陆与台湾</th></tr>
<tr><td rowspan="6">区际法院判决认可与执行的区别</td><td>适用范围</td><td>（1）2019年双边安排：适用民商生效判决+刑事案件中有关民事赔偿的判决（不适用婚姻、家庭、继承以及发明实用新型专利侵权等案件）；
（2）2017年双边安排：适用婚姻家庭民事案件判决。</td><td>（1）民商事判决；
（2）内地的劳动仲裁裁决，澳门的劳动民事判决；
（3）刑事案件中有关民事损害赔偿的判决。</td><td>（1）民事判决、裁定、调解笔录、支付命令；
（2）刑事案件中有关民事损害赔偿的裁判、和解笔录；
（3）台湾地区乡镇市调解委员会等出具并经台湾地区法院核定，与台湾地区法院生效民事判决具有同等效力的调解文书。</td></tr>
<tr><td rowspan="2">管辖法院</td><td>内地：申请人住所地或者被申请人住所地、财产所在地的中院。
申请人应当向其中一个人民法院提出申请。向两个以上有管辖权的人民法院提出申请的，由最先立案的人民法院管辖。</td><td>内地：被申请人住所地、经常居住地或者财产所在地中院。
两个或两个以上中级人民法院均有管辖权的，申请人应当选择向其中一个中级人民法院提出申请。</td><td>大陆（内地）：申请人住所地、经常居住地或者被申请人住所地、经常居住地、财产所在地中级人民法院或者专门人民法院受理。
申请人向两个以上有管辖权的法院申请认可的，由最先立案的法院管辖。</td></tr>
<tr><td>香港：（1）民商事判决：高等法院；（2）婚姻家庭判决：区域法院。</td><td>澳门：中级法院认可，初级法院执行。</td><td>——</td></tr>
<tr><td>期限</td><td>依据被请求方的法律规定。</td><td>依执行地法律规定（2年）。</td><td>申请执行的期间为2年，但申请认可台湾地区法院有关身份关系的判决除外。
案件审理期限为6个月。有特殊情况需要延长的，报请上一级人民法院批准。</td></tr>
<tr><td>中文文本</td><td>仅向内地人民法院提交文书有中文文本要求。</td><td colspan="2">相关请求书均应当以中文文本提出。所附司法文书没有中文文本的，应当提供中文译本。</td></tr>
</table>

续表

<table>
<tr><th colspan="2"></th><th>内地与香港</th><th>内地与澳门</th><th>大陆与台湾</th></tr>
<tr><td rowspan="2">区际法院判决认可与执行的区别</td><td>同时向“双边”法院申请</td><td>能（两地分别执行的总额，不得超过判决总额）。</td><td>不能，但可以一地申请执行，一地申请财产保全。</td><td>——</td></tr>
<tr><td>否定性裁定</td><td colspan="2">不予认可</td><td>（1）不予认可；
（2）驳回申请：不能确认该民事判决的真实性或者已经生效的。</td></tr>
<tr><td rowspan="3">共同点</td><td>关于一事不再理的规定基本相同</td><td colspan="3">（1）案件虽经一地法院判决，但当事人未申请认可，而是就同一案件事实向人民法院提起诉讼的，应予受理。
（2）在法院受理当事人申请认可和执行判决期间，当事人依相同事实再行提起诉讼的，法院不予受理。（港：已经受理的驳回起诉）
（3）已获认可和执行的判决，当事人依相同事实再行提起诉讼的，法院不予受理。
（4）不予认可的判决，申请人不得再行提起认可和执行的申请，但可以就同一争议向法院起诉。
（5）内地与香港：在审理民商事案件期间，当事人申请认可和执行另一地法院就同一争议作出的判决的，应当受理。受理后，有关诉讼应当中止，待就认可和执行的申请作出裁定或者命令后，再视情终止或者恢复诉讼。</td></tr>
<tr><td>不予认可的理由基本相同</td><td colspan="3">与拒绝承认和执行外国法院判决的理由接近。专属管辖可以成为拒绝承认（认可）和执行法院判决的理由，但不能成为拒绝其他司法协助事项的理由。</td></tr>
<tr><td>救济手段基本相同</td><td colspan="3">内地与港澳，对认可与否的裁定不服的，在内地可以向上一级人民法院申请复议，在港澳可以上诉。台湾判决在大陆申请执行，对不予认可或驳回申请的裁定不服的，可以自裁定送达之日起十日内向上一级人民法院申请复议。</td></tr>
</table>

点睛之笔

1. 内地与香港、澳门都是相互认可与执行判决，而涉台的案件，仅限于台湾的判决到大陆的认可与执行问题，至于大地判决在台湾的认可问题，则要依据台湾地区的法律来处理。

2. 适用范围

（1）内地与香港相互认可和执行判决有两个安排：一个是2017年双边安排：适用婚姻家庭民事案件判决；另一个是2019年双边安排：适用民商生效判决+刑事案件中有关民事赔偿的判决（不适用婚姻、家庭、继承以及发明实用新型专利侵权等案件）。

（2）内地与澳门相互认可和执行判决的安排，适用于内地与澳门特别行政区民商事案件（在内地包括劳动争议案件，在澳门特别行政区包括劳动民事案件）判决的相互认可和执行。除此，还适用于刑事案件中有关民事损害赔偿的判决、裁定，但不适用于行政案件。可见范围非常广泛，几乎涵盖了民事案件的几乎所有领域。

3. 澳门特别行政区有权受理认可判决申请的法院为中级法院，有权执行的法院为初级法院。实践中，申请人到澳门中级法院提出申请，中级法院进行审查，不符合条件的不予认可，符合条件的，予以认可，并交由澳门初级法院执行。

4. 表格中的“双边”是指对一个判决的执行，内地与香港，或内地与澳门，都有管辖权，并非内地有两个地方的人民法院有管辖权。

最爱考

1. 关于内地与香港民商事案件判决的认可与执行，根据内地与香港的相关安排，申请人向内地和香港法院提交的文件没有中文文本的，均应提交证明无误的中文译本。

2. 因履约纠纷，中国香港甲公司将内地乙公司诉至香港法院并胜诉。判决生效后，甲公司申请人民法院认可和执行该判决。如乙公司在内地与香港均有财产，甲公司不得同时向两地法院提出申请。

3. 甲公司申请人民法院认可和执行一项澳门的民事判决，如甲公司的申请被人民法院裁定驳回，它可直接向最高人民法院申请复议。

4. 澳门法院委托内地法院送达司法文书，内地法院应以该案件属其专属管辖为由拒绝执行委托事项。

5. 现有一台湾甲公司与乙公司的合同纠纷案件，经台湾地区有关法院审理后作出了甲公司胜诉的终审判决。乙公司在北京有可供执行的财产，故甲公司拟来大陆申请认可和执行该判决。对此，根据《最高人民法院关于认可和执行台湾地区法院民事判决的规定》，则甲公司未申请认可台湾地区法院的判决，而是就同一争议向人民法院起诉的，受诉法院不应受理。

6. 因履约纠纷，中国台湾甲公司将内地乙公司诉至台湾法院并胜诉。判决生效后，甲公司申请人民法院认可和执行该判决。乙公司的住所地与财产所在地分处两个中级人民法院的辖区，甲公司向这两个人民法院提出申请的，由最先立案的人民法院管辖。

［答案］

1. 错误。

2. 错误。

3. 错误。向上一级法院申请复议。

4. 错误。

5. 错误。

6. 正确。

考点 69：区际仲裁裁决的认可与执行★★

		内地与香港	内地与澳门	大陆与台湾
区际仲裁裁决认可与执行的区别	1. 法律依据	2000 年内地与香港相互执行仲裁裁决的安排。	2008 年内地与澳门相互认可和执行仲裁裁决的安排。	2015 年关于认可和执行台湾地区仲裁裁决的规定（单边：仅限台湾仲裁裁决在大陆申请认可和执行）。
	2. 管辖法院	内地：被申请人住所地或财产所在地中院。两个或两个以上中级人民法院均有管辖权的，申请人应当选择向其中一个中级人民法院提出申请。［注意：此处与内地香港相互认可和执行判决的规定不同。］	内地：被申请人住所地、经常居住地和财产所在地中院。两个或两个以上中级人民法院均有管辖权的，申请人应当选择向其中一个中级人民法院提出申请。	大陆（内地）：申请人住所地、经常居住地或者被申请人住所地、经常居住地、财产所在地中级人民法院或者专门人民法院受理。申请人向两个以上有管辖权的法院申请认可的，由最先立案的法院管辖。
		香港：高等法院。	澳门：中级法院认可，初级法院执行。	——
	3. 期限和程序	依据被请求方的法律规定。	依执行地法律规定（2 年）。	申请执行的期间为 2 年；决定予以认可的，应当在立案之日起 2 个月内作出裁定；决定不予认可或者驳回申请的，应当在作出决定前按有关规定自立案之日起 2 个月内上报最高人民法院。
	4. 同时向“双边”法院申请	不能。	可以同时申请，仲裁地法院先执行。两地法院执行财产总额不得超过依裁决和法律规定所确定的数额。	——
共同点	1. 中文文本	区际司法协助方面，相关请求书均应当以中文文本提出。所附司法文书没有中文文本的，应当提供中文译本。例外：内地与香港相互认可和执行判决，仅向内地人民法院提交文书有中文文本要求。		
	2. 不予认可的理由基本相同	与拒绝承认与执行外国仲裁裁决的理由基本相同。		

最爱考

1. 澳门甲公司与内地乙公司的合同争议由内地一仲裁机构审理，甲公司最终胜诉。乙公司在广东、上海均有财产，则甲公司可分别向广东和上海有管辖权的法院申请执行。

2. 澳门甲公司与内地乙公司的合同争议由内地一仲裁机构审理，甲公司最终胜诉。乙公司在广东、上海和澳门均有财产。基于这些事实，甲公司分别向内地和澳门法院申请执行的，内地法院应先行执行清偿，两地法院执行财产总额不得超过依裁决和法律规定所确定的数额。

3. 内地某中级法院委托澳门特别行政区法院进行司法协助，澳门特别行政区法院有权要求该中级法院就其中文委托书提供葡萄牙语译本。

［答案］

1. 错误。澳门法院判决、仲裁裁决来内地申请认可和执行，内地有两个以上法院有管辖权的，申请人应当选择向其中一个中级人民法院提出申请。

2. 正确。

3. 错误。

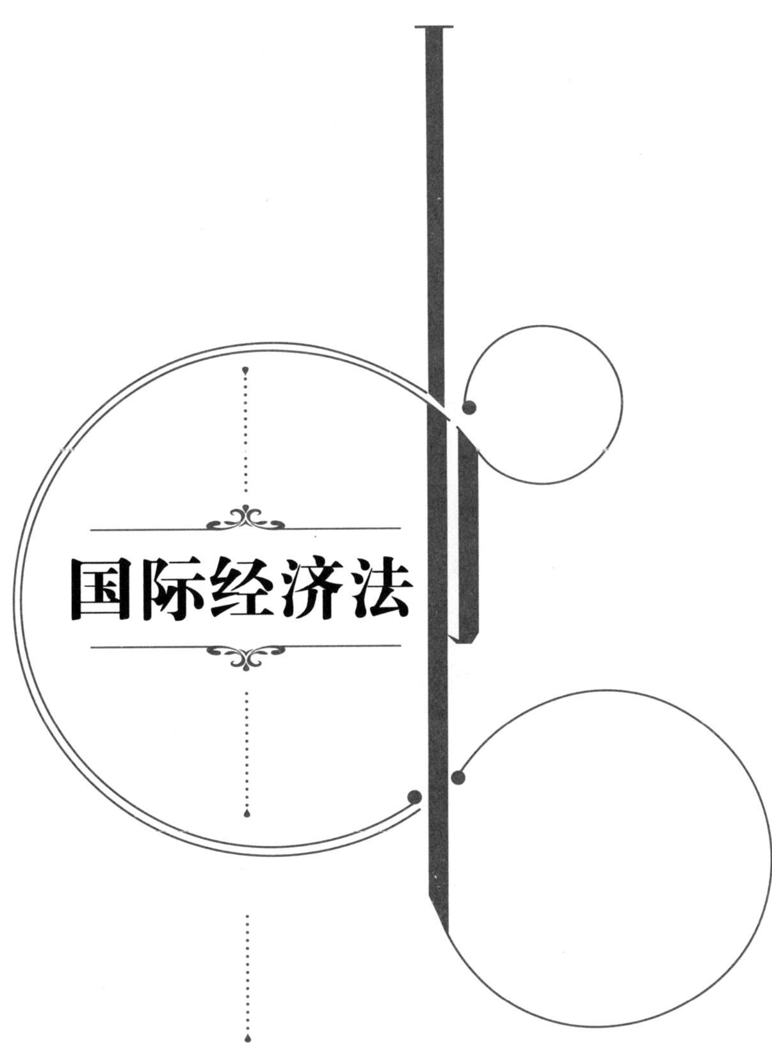

国际经济法

PROJECT FOURTEEN

国际货物买卖法 专题十四

考点 70：FCA、FOB、CFR、CIF、CIP 贸易术语的主要内容（根据 2020 通则）★★★

	地名含义	价格构成	清关手续	风险转移	交货	安排运输	运输方式	投保
FCA	启运地	交易成本	卖出买进	货交第一承运人	卖方所在地或其他地点	买方	各种	买方
FOB	装运港	交易成本	卖出买进	装运港货物置于船上	装运港船上	买方	水运	买方
CFR	目的港	成+运	卖出买进	装运港货物置于船上	装运港船上	卖方	水运	买方
CIF	目的港	成+运+保	卖出买进	装运港货物置于船上	装运港船上	卖方	水运	卖方
CIP	目的地	成+运+保	卖出买进	货交第一承运人	启运地	卖方	各种	卖方

点睛之笔

1. EXW 术语下，货物进出口清关手续均由买方办理；DDP 术语下，货物进出口清关手续均由卖方办理。其余术语均由卖方办理出口清关，买方办理进口清关，概括为“卖出买进”。

2. FCA 术语两点特殊之处：

（1）交货地点的选择对卖方装货、卸货义务会产生影响：

①当在卖方所在地交货时，装上买方运输工具，完成交货；

②当在其他地点交货时，卖方可以在自己的运输工具上完成交货，而不负责将货物从自己的交通工具上卸下。

（2）FCA 中，买卖双方可以约定买方指定的承运人在装货后将向卖方签发已装船提单，然后再由卖方向买方做出交单。（2020 通则新增）

3. 贸易术语中指的运输，一般指“主要运输”，可以简单理解为连接进出口国的运输。如中国甲公司欲把一批在北京的货物出售给美国乙公司，二者签订 FOB 天津的合同。该批货物的全程运输包括 3 段：第 1 段，北京到天津港；第 2 段，天津港到纽约港；第 3 段，纽约港卸货后运到乙公司指定地点，其中第 2 段为主要运输。

4. 谁负责安排运输谁承担运输中的安保费用（安保不要与保险混淆，指对货物进行安全保障，比如对集装箱的强制检查所需的费用）。（2020 通则新增）

5. FOB 有两个通知义务：买方租船或订舱后给卖方充分通知，卖方交货后给买方充分的通知。

6. CFR 术语装船是卖方而投保却是买方，卖方在装船后应给买方以充分的通知；否则，因此而造成买方漏保引起的货物损失应由卖方承担。

7. CIF 和 CIP：在 Incoterms® 2020 规则中，对保险义务，CIF 默认最低险别仍然是平安险，当事人可以协商选择更高级别的承保范围；而对于 CIP 规则，默认险别为一切险（不包括除外责任），当事人可以协商选择更低级别的承保范围。（2020 通则新增）

8. 合同中选择 FOB 术语，合同价格一般指货物本身的成本价；如果选择了 CFR 贸易术语，合同价格除了货物本身的价格外，还要再加上运输费用，因为该术语下，卖方还有支付主要运费的义务，其会把运费折算在合同价格中；如果选了 CIF 术语，合同价格，除了货物本身价格加上运费外，还要再加上保险费，因为该术语下，卖方有义务办保险。因此，一般来讲，一批相同的货物，选了不同的贸易术语，合同的价格不同。

最爱考

1. 中国甲公司向加拿大乙公司出口一批农产品，CFR 价格条件。货装船后，乙公司因始终未收到甲公司的通知，未办理保险。部分货物在途中因海上风暴毁损。根据相关规则，该批农产品的风险在装港船舷转移给乙公司。

2. 法国甲公司与中国乙公司签订 FOB（2020）合同出口红葡萄酒，因法国甲公司的酒庄到装运港有一段陆地需要陆路运输，现买卖双方发生纠纷至我国法院。中法两国都是《联合国国际货物销售合同公约》缔约国，根据公约和相关国际惯例，中国乙公司须承担该段陆路运输的运输工作。

3. 中国甲公司与非洲某国乙公司签订 CIF 合同出口一批瓷器，则若无特别约定，甲公司只需要负担平安险。

4. 甲国 A 公司向乙国 B 公司出口一批货物，双方约定适用 2020 年《国际贸易术语解释通则》中 CFR 术语。据此：（1）货物的风险在装运港完成交货时由 A 公司转移给 B 公司；（2）应由 A 公司负责安排海运运输；（3）由 B 公司购买货物海运保险。

5. 中国甲公司（卖方）与德国乙公司（买方）签订的国际货物买卖合同中使用了“CIP 汉堡”贸易术语。据此，该货物应运至汉堡港。

6. 中国甲公司以 CIF 价向德国乙公司出口一批农副产品，向中国人民保险公司投保了一切险，并规定以信用证方式支付。中国甲公司在装船并取得提单后，办理了议付。第二天，甲公司接到德国公司来电，称装货的海轮在海上失火，该批农副产品全部烧毁，要求甲公司向中国人民保险公司提出索赔，否则要求退还全部货款。据此，该案货物损毁灭失的风险应由甲公司承担，应由甲公司向保险公司索赔。

7. 南美某国的众合公司希望从我国太原辉泉公司购买一批货物。双方正在就货物销售合同的具体条款进行谈判。双方都希望选择国际商会 2020 年《国际贸易术语解释通则》中的贸易术语来确定货物销售的价格和相关义务。双方对于该货物的国际买卖均有丰富经验，且都与从事国际海上货物运输和保险的专业公司保持着经常的业务关系。众合公司可以接受“CFR 天津”的贸易术语而自己向保险公司投保货物运输险。

[答案]

1. 错误。没有明确选择 2020 通则和 2010 通则，故按照 2000 通则，应为装运港“越过船舷”风险转移。

2. 错误。

3. 正确。

4. 正确。

5. 错误。CIP 贸易术语适用于各种运输方式，其后汉堡的含义是“目的地”，“汉堡”不等于“汉堡港”，所以说应运到汉堡港不正确。

6. 错误。风险由乙公司承担，乙公司向保险公司索赔。

7. 错误。CFR，意思是成本加运费，术语后缀的地点是指定目的港，CFR 天津意味着到货目的港是天津港，本案并没有特别交待货物的发货地和收货地，但是特别交待了买方众合公司是南美公司，卖方辉泉公司是中国太原的公司，隐含了发货地是中国，收货地是南美的意思，而 CFR 天津意味着收货地是中国，显然不合常理。

一招制敌

1. 做题经验：做国际贸易法题目，首先要通过读题干确定买卖双方，然后再看选项做判断。

2. C 组术语运输费用和风险的划分地不同，风险转移的地点大致在装运港或启运地，运输费用的划分地点则在目的地或者目的港。这是贸易术语案例题中最常考的考点。

典型考法是：买卖双方签订国际货物买卖合同，约定 C 组贸易术语，货物在主要运输途中损毁灭失，问：由谁承担风险？如果在保险公司的赔偿范围，由谁去找保险公司索赔？请务必记住：在 C 组贸易术语下，尽管货物是由卖方办理的运输，尽管可能是卖方购买的保险（CIF、CIP 下），但是，货物在主要运输途中（即货物离开装运港或启运地之后）因保险事故发生损毁灭失的，其风险由买方承担，由买方向保险公司索赔。

考点 71：2020 通则、2010 通则和 2000 通则的主要区别★★★

1. 适用的任意性	2000 年通则、2010 通则并未失效，还可以继续使用。只有明确约定适用 Incoterms® 2020 的情况下，Incoterms® 2020 中的贸易术语才会适用。应试做题时，没有约定明确约定 2020 通则和 2010 通则，则适用 2000 通则。

续表

<table>
<tr><td rowspan="2">2. 结构上的变化（在此问题上，2020 通则与 2010 通则一致）</td><td colspan="2">（1）2000 通则 13 个贸易术语；2010 通则、2020 通则整合为 11 种贸易术语。</td></tr>
<tr><td colspan="2">（2）2000 通则将 13 个贸易术语按首字母不同，分为 E、F、C、D 四组；2010 通则、2020 通则按照所适用的运输方式划分为两大类：
①适用于任何运输方式的术语 7 个：EXW（工厂交货）、FCA（货交承运人）、CPT（运费付至）、CIP（运费和保险费付至）、DAT（运输终端交货）、DAP（目的地交货）、DDP（完税后交货）。
②适用于水上运输方式的 4 个：FAS（船边交货）、FOB（船上交货）、CFR（成本加运费）、CIF（成本、保险费加运费）。</td></tr>
<tr><td>3. 适用范围的变化</td><td colspan="2">2010 通则、2020 通则同时适用于国际和国内贸易；2000 通则只适用于国际贸易。</td></tr>
<tr><td rowspan="6">4. 新增 DPU（2010 通则中为 DAT，含义一样）、DAP 两个贸易术语</td><td rowspan="5">（1）DPU（目的地交货并卸货）（即 DAT），适用各种运输方式</td><td>①清关手续：卖出买进；</td></tr>
<tr><td>②风险转移：目的地交货时；</td></tr>
<tr><td>③交货：目的地卸货并交由买方处置；</td></tr>
<tr><td>④运输：卖方自付费用签订运输合同，将货物运至约定目的地；</td></tr>
<tr><td>⑤保险：运输途中风险卖方承担，故一般卖方办保险。</td></tr>
<tr><td>（2）DAP（目的地交货），适用各种运输方式</td><td>区别：DPU（即 DAT）下卖方需要承担把货物由目的地运输工具上卸下的费用，DAP 下卖方只需在指定目的地把货物处于买方控制之下，而无须承担卸货费。</td></tr>
<tr><td>5. “船舷”的改变</td><td colspan="2">E、F、C、D 组的贸易术语的含义基本不变。2000 年通则中，FOB，CFR 和 CIF 三个贸易术语风险转移为装运港货物越过船舷。但新通则不再设定“船舷”的界限，强调在 FOB，CFR 和 CIF 下买卖双方的风险以货物在装运港口被装上船时为界。</td></tr>
</table>

点睛之笔

2010 通则中的 DAT（Delivered at Terminal，运输终端交货）术语在 2020 通则中已被重命名为 DPU（Delivered at Place Unloaded，目的地交货并卸货），是为了反映作为目的地的交货地点可以是任何地方而不仅仅是终点，术语具体含义不变。

最爱考

1. 2020 年贸易术语解释通则已于 2020 年 1 月 1 日生效，则 2010 通则因此失效。

2. 中国甲公司向波兰乙公司出口一批电器，采用 DPU 术语。据此，甲公司在指定目的地运输终端将仍处于运输工具上的货物交由乙公司处置时，即完成交货。

［答案］

1. 错误。

2. 错误。与 DAP 混淆了。

考点 72：《联合国国际货物销售合同公约》的适用范围★★

适用公约的货物销售合同	1. 公约适用于营业地位于不同缔约国的当事人之间订立的合同； 2. 国际合同，通过冲突规范导致缔约国法律的适用的（可以保留）。
不适用公约的货物或销售	1. 供私人或家庭使用的个人消费品； 2. 以拍卖方式进行的销售； 3. 依政府令状进行的销售； 4. 公债、股票、证券、货币等； 5. 船舶、飞机、气垫船； 6. 电力。
公约适用的任意性和自动性	1. 可以排除对公约的适用，排除必须明确； 2. 可以对公约的内容进行修改； 3. 如果双方没有排除公约的适用，则公约自动适用。
公约未涉及的问题	1. 合同效力； 2. 所有权转移； 3. 产品责任。
《80 公约》与贸易术语的关系	1. 选了贸易术语并不意味着排除了《80 公约》； 2. 贸易术语有规定的，从贸易术语。

点睛之笔

1. 一般情况，同时满足两个条件，《80 公约》可以适用：第一，合同具有国际性，国际性以当事人的营业地位于不同国家为标准，不考虑当事人的国籍；第二，营业地所位于的不同国家都是公约的缔约国。中美两国都是《80 公约》的缔约国。营业地在中国的甲公司与营业地在美国的乙公司签订的一个国际货物销售合同，可以适用《80 公约》。

2. 当事人可以通过选择其他法律而排除《80 公约》的适用。即，即使买卖合同的双方当事人的营业地分处两个缔约国，本应适用《80 公约》，但如果他们在合同中约定适用其他的法律，则排除了《80 公约》的适用。但如果当事人只是一般性地选择适用了某一缔约国的法律，则《80 公约》仍然得以适用，只有在当事人明确适用该国的具体法律时，才能排除《80 公约》的适用。

最爱考

1. 中国甲公司与法国乙公司商谈签订进口特种钢材的合同，两国均为 1980 年《联合国国际货物销售合同公约》缔约国。故双方不能在合同中再选择适用其他法律。

2. 营业地在中国的甲公司与营业地在德国的乙公司签订的国际货物买卖

合同中约定了贸易术语即意味着排除了《80公约》的适用。

3. 甲国公司（卖方）与乙国公司订立了国际货物买卖合同，FOB价格条件，采用海上运输方式。甲乙两国均为《联合国国际货物销售合同公约》缔约国。两公司可适用《80公约》以解决货物所有权是否在货物装到船上时转移的纠纷。

［答案］

1. 错误。

2. 错误。

3. 错误。关于所有权转移的问题，《80公约》并未规定。

考点73：国际货物买卖合同中卖方的知识产权担保义务★★★

知识产权担保	卖方所交付的货物，必须是第三方不能依工业产权或其他知识产权主张任何权利或要求的货物。
对知识产权担保的限制	1. 地域限制： （1）依货物销售目的国的法律； （2）依买方营业地所在国法律。 2. 通知：当买方知道第三方的权利或要求后一段合理时间内，应通知卖方，否则就丧失相应权利。 3. 免除卖方知识产权担保义务情况： （1）买方在订立合同时知道第三方的权利或要求； （2）卖方要遵照买方所提供的技术图样、图案、款式或其他规格。

点睛之笔

《80公约》虽然规定了卖方的知识产权担保义务，但并不是其出售的货物不得侵犯全世界任何一个知识产权人的权利，这是不现实的，对此《80公约》规定了限制标准：

（1）依货物销售目的国的法律。即第三人的请求必须是依货物使用地或转售地国家的法律提出的。如果双方在订立合同时，没有规定货物的最终使用地或转卖地，则卖方对买方不承担向不知名的转卖地转卖的知识产权的担保义务。

（2）依买方营业地所在国法律。第三人的请求必须是依买方营业地所在国的法律提出的。即如果双方没有确定货物的最终使用地或转卖地，则卖方只对那些依买方营业地所在国的法律提出的请求向买方负责。

最爱考

1. 甲公司的营业所在甲国，乙公司的营业所在中国，甲国和中国均为《联合国国际货物销售合同公约》的当事国。甲公司将一批货物卖给乙公司，货物运输途中，乙公司将货物转卖给了中国丙公司。根据该公约，甲公司出售的货物，必须是第三方依中国或者甲国知识产权均不能主张任何权利的货物。

2. 营业地在中国的甲公司向营业地在法国的乙公司出口一批货物。乙公司本拟向西班牙转卖该批货物，但却转售到意大利，且未通知甲公司。意大利丙公司指控该批货物侵犯其专利权。关于甲公司的权利担保责任，根据《联合国国际货物销售合同公约》规定，甲公司须承担丙公司依意大利法提出的知识产权主张产生的赔偿责任。

3. A公司和B公司签订合同，由A公司将一批平板电脑售卖给B公司。A公司和B公司营业地分别位于甲国和乙国，两国均为《联合国国际货物销售合同公约》缔约国。在运输途中，B公司与中国D公司就货物转卖达成协议。如货物运抵乙国后，乙国的E公司指控该批平板电脑侵犯其在乙国取得的专利权，致使货物遭乙国海关扣押，B公司向A公司索赔。根据该公约规定，以下情况A公司无须承担知识产权担保责任：（1）B公司在订立合同时知道这批货物存在第三者权利；（2）A公司是遵照B公司提供的技术图样和款式进行生产的；（3）B公司在订立合同后知道这批货物侵权但未在合理时间内及时通知A公司。

［答案］

1. 错误。没有约定销售目的国，故甲公司出售的货物，必须是第三方依中国（即买方所在地国）知识产权不能主张任何权利的货物。

2. 错误。

3. 正确。均为免除卖方知识产权担保义务的情况。

考点74：国际货物买卖与风险转移★

风险转移的后果		货物在风险移转到买方承担后遗失或损坏，买方支付价款的义务并不因此解除，除非这种遗失或损坏是由于卖方的行为或不行为造成。
公约的规定	合同中有运输条款的货物买卖的风险转移	1. 如果约定了交货地点，货物于该地点交付给承运人时起风险转移到买方承担； 2. 如果没有约定交货地点，自货物按销售合同交付给第一承运人以转交给买方时起，风险转移。
	合同中没有运输条款的货物买卖的风险转移	从货物交由买方处置时起，风险由买方承担。
	对于运输途中销售的货物	从订立合同时起，风险由买方承担。
风险转移与卖方违约的关系		卖方已根本违反合同，虽风险已经转移，买方仍有权要求卖方承担违约责任。

最爱考

1. A公司和B公司营业地分别位于甲国和乙国，两国均为《联合国国际货物销售合同公约》缔约国。A、B公司在双方的买卖合同中约定有运输条款，合同项下的货物由丙国C公司承运，且贸易术语方面仅约定适用FOB术语。据此可知，货物的风险应自于约定的交货地点货交C公司时由A公司转移给B公司。

2. 甲国甲公司将一批货物卖给乙国乙公司，该批货物通过海运运输。货物运输途中，乙公司将货物转卖给了中国丙公司。根据《80 公约》，该转售的货物，自乙公司向丙公司交付时风险转移。

［答案］

1. 错误。
2. 错误。

考点 75：不能控制的障碍免责★

免责的条件	不履行合同必须是由于当事人不能控制的障碍所致。 这种障碍是不履行一方在订立合同时不能预见的，而且是当事人不能避免或不能克服的。
免责的通知	不履行义务的一方必须将障碍及其对他履行义务能力的影响通知另一方。 如无此通知，则不履行义务的一方对由于对方未收到通知而造成的损害应负赔偿责任。
免责的后果	免责一方所免除的是对另一方损害赔偿的责任，但受损方依《80 公约》采取其他补救措施的权利不受影响。

最爱考

甲公司（买方）与乙公司订立了一份国际货物买卖合同。后因遇到无法预见与不能克服的障碍，乙公司未能按照合同履行交货义务，但未在合理时间内将此情况通知甲公司。甲公司直到交货期过后才得知此事。乙公司的行为使甲公司遭受了损失。依公约，乙公司可以不承担赔偿责任。

［答案］错误。乙公司可以不能控制的障碍免责，但应把障碍及其影响及时通知甲公司，同时，甲公司有权就乙公司未通知有关情况而遭受的损失请求赔偿。

国际货物运输和保险法 专题十五

考点 76：调整班轮运输的国际公约——《海牙规则》★★

<table>
<tr><td rowspan="4">承运人最低限度的义务</td><td rowspan="3">适航义务</td><td>时间上，开航前或开航时。</td></tr>
<tr><td>程度上，谨慎处理。</td></tr>
<tr><td>具体内容：
1. 船舶适航；
2. 船员、设备适航；
3. 货舱适货。</td></tr>
<tr><td>管货义务</td><td>承运人应适当和谨慎地装载、操作、积载、运送、保管、照料和卸载所承运的货物。(积载：适当的放置货物)</td></tr>
<tr><td>承运人的责任期间</td><td colspan="2">“钩至钩”责任。从货物装上船起至卸完船为止的期间。</td></tr>
<tr><td rowspan="3">承运人的免责（《海牙规则》规定了承运人17项免责条款，包括两种类型）</td><td colspan="2">《海牙规则》对于承运人采取的是不完全过失责任原则。</td></tr>
<tr><td colspan="2">1. 承运人的过失免责：
(1) 管船或航行过失免责。船长、船员、引航员或承运人的受雇人员在驾驶船舶或管理船舶上的行为、疏忽或过失引起的货物灭失或损坏，承运人可以免除赔偿责任。(如疏于瞭望、超速驾驶、过失导致船舶碰撞等)
(2) 火灾。承运人故意和实际过失引发的火灾不能免责。</td></tr>
<tr><td colspan="2">2. 承运人无过失免责。对船舶发生特定事由造成的货物的损毁灭失，承运人不承担赔偿责任。具体事由包括：
(1) 天灾；
(2) 人祸（发货人包装不当）；
(3) 货物本身原因；
(4) 政府行为（如检疫限制）；
(5) 情有可原，尽适当谨慎仍不能发现的潜在缺陷。</td></tr>
</table>

点睛之笔

1. 关于适航，《海牙规则》没有明确的定义。在司法实践中认为适航是指船舶的各个方面可经得起预定航线中可能遭遇的一般风险。

2. 《海牙规则》并不要求船舶在任何时间都必须处于适航状态，仅要求在“开航前和开航时”。因为海上风险太大，船舶在航行中可能由于各种原因而变得不适航，如要求承运人在整个航程中均应适航，则使承运人所负的责任与其享受的利益产生不平衡，同时在政策上也考虑到了对海上货运业的倾斜。

3. 装货时，承运人把钢材置于电器之上，海上颠簸，致电器损坏。对此，承运人即应承担责任，因为其没有尽到适当积载的义务。

4. 火灾免责有两点例外：一是实际过失，实际过失主要是指船舶不具备适航性而致的火灾，比如船上没有救火设备、船舶年久失修电路老化而引发的火灾等，此种火灾所致货损，承运人要承担责任；二是私谋，即故意放火，所致货损，不能免责。

最爱考

1. 中国甲公司以 CIF 价向某国乙公司出口一批服装，信用证方式付款，由丙公司承运，有关运输合同明确约定适用《海牙规则》。甲公司在装船并取得提单后，办理了议付。两天后，甲公司接乙公司来电，称装船的海轮在海上因雷击失火，该批服装全部烧毁。对该批服装损失，丙公司无须承担责任。对于损失，乙公司可以向保险公司索赔。

2. 甲国 A 公司（买方）与乙国 B 公司（卖方）签订一进口水果合同，价格条件为 CFR，装运港的检验证书作为议付货款的依据，但约定买方在目的港有复验权。货物在装运港检验合格后交由 C 公司运输。由于乙国当时发生疫情，船舶到达甲国目的港外时，甲国有关当局对船舶进行了熏蒸消毒，该工作进行了数天。之后，A 公司在目的港复验时发现该批水果已全部腐烂。依据《海牙规则》，对此损失承运人 C 公司须承担责任。

3. 中国某公司向欧洲出口啤酒花一批，价格条件是每公吨 CIF 安特卫普 xx 欧元。货物由中国人民保险公司承保，由“罗尔西”轮承运，船方在收货后签发了清洁提单。货到目的港后发现啤酒花变质，颜色变成深棕色。经在目的港进行的联合检验，发现货物外包装完整，无受潮受损迹象。经分析认为该批货物是在尚未充分干燥或温度过高的情况下进行的包装，以致在运输中发酵造成变质。据此，承运人对变质可以不承担责任，因为承运人对于货物的固有缺陷可以免责。

4. 承运人为多装货物，下令将船上的救火设施拆除，在航运途中船舶失火造成货物烧毁的损失，对此货损，根据《海牙规则》，承运人可以免责。

5. 航行途中，船长超速驾驶，结果船舶触礁货舱进水造成的货物湿损，根据《海牙规则》，承运人对此货损须承担责任。

6. 依《海牙规则》，承运人的责任期间是从其接收货物时起至交付货物时止。

［答案］

1. 正确。

2. 错误。检疫限制免责。

3. 正确。

4. 错误。

5. 错误。

6. 错误。《海牙规则》规定承运人的责任期间是从货物装上船起至卸完船为止的期间。

一招制敌

总的来说，其规定的承运人 17 项免责条款，可以归纳为两种类型：

（1）承运人的过失免责：包括管船或航行过失免责和火灾免责；

（2）承运人无过失免责，指对船舶发生特定事由造成的货物的损毁灭失，承运人没有过失即不承担赔偿责任。由此可见，《海牙规则》对于承运人采取的是不完全过失责任原则。

考点 77：提单★★★

1. 提单的性质、分类

法律特征	（1）合同的证明。转让后，承运人与善意受让人之间的合同；	（2）收据；	（3）交付货物的凭证（物权凭证），注意：铁路运单、海运单等都不是物权凭证。
提单种类	（1）已装船提单和收货待运提单。银行只接受已装船提单；	（2）记名提单、不记名提单和指示提单。记名提单不能转让，不记名提单不须背书即可转让，指示提单背书方可转让；	（3）清洁提单和不清洁提单。不清洁提单是指对货物表面状况有不良批注的提单。在信用证交易中，银行原则上不受理不清洁提单。

2. 无单放货——2009 年最高人民法院《关于审理无正本提单交付货物案件适用法律若干问题的规定》主要考点：

承运人应承担无单放货责任	（1）正本提单持有人可以要求承运人承担由此造成损失的民事责任； （2）正本提单持有人可以要求承运人承担违约责任，或者承担侵权责任； （3）提货人凭伪造的提单向承运人提取了货物，承运人承担无单放货的责任； （4）无正本提单交付货物的承运人与无正本提单提取货物的人承担连带赔偿责任； （5）在承运人未凭正本提单交付货物后，正本提单持有人与无正本提单提取货物的人就货款支付达成协议，在协议款项得不到赔付时，不影响正本提单持有人就其遭受的损失，要求承运人承担无正本提单交付货物的民事责任。
赔偿责任的范围	（1）赔偿额：按照货物装船时的价值加运费和保险费计算； （2）无单交货承担民事责任的，不适用《海商法》第 56 条关于限制赔偿责任的规定。
承运人不承担责任情况	（1）承运人依照卸货港所在地法律规定，必须将承运到港的货物交付给当地海关的； （2）承运到港的货物超过法律规定期限无人向海关申报，被海关提取并依法变卖处理，或者法院依法裁定拍卖承运人留置的货物，承运人主张免除交付货物责任的；

续表

承运人不承担责任情况	（3）承运人签发一式数份正本提单，向最先提交正本提单的人交付货物后，其他持有相同正本提单的人要求承运人承担无正本提单交付货物民事责任的； （4）承运人按照记名提单托运人的要求中止运输、返还货物、变更到达地或者将货物交给其他收货人，提单持有人追究无单放货责任的，人民法院不支持。
其他规定	承运人无单放货的诉讼时效为1年，适用的法律为《海商法》。

点睛之笔

1. 在托运人与承运人之间提单是运输合同的证明，但在提单受让人与承运人之间，提单就是运输合同本身，提单受让人和承运人之间的权利义务依提单上的规定来确定。

2. 已装船提单指由船长或承运人的代理人在货物装上指定的船舶后签发的提单。银行一般也只接受已装船提单。收货待运提单指船方在收到货物后，在货物装船以前签发的提单。银行通常不愿意接受收货待运提单作为议付的担保，为托运人提供资金的融通。

3. 记名提单指提单正面载明收货人名称的提单。在这种情况下，承运人只能向该收货人交付货物。记名提单一般不能转让。不记名提单指提单正面未载明收货人名称的提单。这种提单的转让十分简便，无须背书，只要将提单交给受让人即可。指示提单指提单正面载明“凭指示交付货物”字样的提单。指示提单的转让必须经过背书。

4. 承运人无单放货既构成违约也构成侵权，是由提单的法律特征决定的：首先，提单受让人与承运人之间，提单就是运输合同。该合同的内容为承运人应该把承运的货物交给提单受让人，即提单持有人。如果承运人无单放货，则违反了这个约定，因此要承担违约责任。另外，提单是代表货物所有权的凭证，即提单是货物的化身，是承运人在目的港据以交付货物的凭证，提单持有人有权要求承运人交付货物，承运人也通常只能向正本提单持有人交付货物。承运人无单放货则侵犯了正本提单持有人对提单下货物所享有的物权，因此构成侵权。无单放货既构成违约，又构成侵权，属于责任竞合的情况，权利人正本提单持有人可以选择诉由。

最爱考

1. 提单的收货人一栏写明“凭指示”的字样，则该提单交付即可转让。

2. 承运人镇海公司，承运一批货物到达青岛港后，甲凭正本提单向镇海公司提取了货物。后乙公司同样凭正本提单要求镇海公司交付货物。镇海公司无货可交，引发诉讼至中国法院。经审查，甲所凭提货之正本提单系伪造，乙的正本提单为真实正本提单。对于该案，根据中国相关法律、司法解释和实践，镇海公司无须承担责任。

3. 甲公司依运输合同承运一批从某国进口中国的食品，当正本提单持有人乙公司持正本提单提货时，发现货物已由丙公司以副本提单加保函提走。甲公司对因无正本提单交货造成的损失按货物的成本赔偿。

4. 中国甲公司从国外购货，取得了代表货物的单据，其中提单上记载“凭指示”字样，交货地点为某国远东港，承运人为中国乙公司。当甲公司凭正本提单到远东港提货时，被乙公司告知货物已不在其手中。后甲公司在中国法院对乙公司提起索赔诉讼。则乙公司在以下情形可免除交货责任：(1) 在甲公司提货前，货物已被同样持有正本提单的某公司提走；(2) 根据某国法律要求，货物交给了远东港管理当局；(3) 货物超过法定期限无人向某国海关申报，被海关提取并变卖。

[答案]

1. 错误。
2. 错误。
3. 错误。
4. 正确。

考点 78：国际航空货物运输法★

《华沙条约》的主要内容：

航空货运合同当事人	承运人和托运人。一般托运人（货主）会委托国际航空货运代理来办理有关事宜。
航空运单	(1) 航空运单是由承运人出具的证明承运人与托运人已订立了国际航空货物运输合同的运输单证。 (2) 航空运单不是货物的物权凭证，不能转让。
承运人的责任	(1) 依《华沙公约》的规定，承运人应对货物在航空运输期间发生的因毁灭、遗失或损坏而产生的损失负责，也包括因运输延误而造成的货损。 (2) 航空运输期间包括货物在承运人保管下的整个期间，不论在航空站内、在航空器上或在航空站外降停的任何地点。

最爱考

1. 可以通过转让航空运单以转让货物的所有权。

2. 中国甲公司从意大利乙公司进口珠宝饰品，签订买卖合同约定由卖方负责安排航空运输。意大利乙公司委托航空货运代理人在意大利安排丙航运公司运输，后因飞行故障丙公司飞机在航空站外降落，导致货物受损。根据《华沙公约》，丙公司无须承担货损责任。

[答案]

1. 错误。
2. 错误。

考点 79：国际铁路货物运输法★★

《国际铁路货物联运协定》的主要内容：

铁路运单	运单是铁路承运货物的凭证，也是铁路在终点向收货人核收有关费用和交付货物的依据。运单不具有物权凭证的作用，不能流通。

续表

承运人的责任	承运人应依货物运输合同的规定将货物安全地运至目的地。依公约的规定，按运单承运货物的铁路部门应对货物负连带责任。
承运人的责任期间	承运人的责任期间为从签发运单时起至终点交付货物时止。

最爱考

1. 依《国际铁路货物联运协定》，铁路运单是物权凭证，可通过转让运单转让货物。

2. 依《国际铁路货物联运协定》，不同铁路运输区段的承运人应分别对在该区段发生的货损承担责任。

3. 依《国际铁路货物联运协定》，铁路运输承运人的责任期间是从货物装上火车时起至卸下时止。

［答案］

1. 错误。

2. 错误。

3. 错误。

考点80：损失类别、保险险别、承保范围及除外责任★★★

1. 损失类别

全部损失	1. 实际全损； 2. 推定全损。		
部分损失	共同海损	条件	1. 有意的、人为的；
			2. 为船货共同安全；
			3. 损失须合理。
		结果	损失由受益各方分摊。
	单独海损	货物由于意外造成的部分损失，损失方单方承担。	

2. 险别、承保范围及除外责任

险别类型	1. 主要险别：（1）平安险；（2）水渍险；（3）一切险。
	2. 附加险别：（1）一般附加险；（2）特别附加险；（3）特殊附加险。
平安险	1. 自然灾害造成的全部损失。（自然灾害造成货物的部分损失不在平安险承保范围）
	2. 运输工具意外事故造成货物的全部或部分损失。
	3. 在运输工具已经发生搁浅、触礁、沉没、焚毁等意外事故的情况下，货物在此前后又在海上遭受恶劣气候、雷电、海啸等自然灾害所造成的部分损失。
	4. 在装卸或转运时由于一件或数件整件货物落海造成的全部或部分损失。
	5. 共同海损的牺牲、分摊和救助费用。
水渍险	平安险承保范围+自然灾害导致货物的部分损失。

续表

一切险	1. 一切险的保险范围，主要包括水渍险的保险范围和一般外来风险所致损失。（一般附加险的承保范围）
	2. 一般外来风险是指不必与海水因素或运输工具因素联系起来的原因引起的风险。主要包括偷窃、提货不着，淡水雨淋，短量险，渗漏险，混杂险，碰损破碎险，异味串味险，受潮受热险，钩损险，包装破裂险，锈损险等。（异串混淡偷短包，碰破漏潮热锈钩）
除外责任	1. 被保险人故意或过失造成的损失；
	2. 运输迟延、市价跌落造成的损失；
	3. 货物的自然损耗、本身的缺陷和自然特性造成的损失；
	4. 发货人的责任造成的损失（如包装不当）；
	5. 保险责任开始前，货物的数量的短少或质量缺陷。
责任期间	保险合同中约定，而非开始于保险合同订立时。

点睛之笔

1. 共同海损制度的存在，是人类面对危险时，“舍小保大”（主动舍弃一部分货物以保全船舶和其他货物的安全）的一种理性选择。

2. 自然灾害所致的部分损失不在平安险的赔偿范围的原因是，海上航行时，自然灾害导致货物部分损失发生的几率比较高，平安险是最低一级险别，即保险公司在该险别之下收取的保费最低。如果对经常发生的自然灾害致货物部分损失担保，会导致保险公司经常要予以赔付。所以，自然灾害所致的部分损失被排除在平安险的赔偿范围之外，增加保费，办理水渍险，则其就在保险公司的承保范围。

3. 平安险承保范围的第三项指的是，货物的致损原因中既有自然灾害，又有船舶的意外事故，则保险人对因此而造成的部分损失承担赔偿责任。这种保险事故发生的概率也不高。做题时一般理解成为自然灾害和船舶意外事故同时发生即可。

4. “平安险最不平安”，因为其承保范围最小；“一切险不管一切”，尤其要注意除外责任的情况。

最爱考

1. 一批大米投保了平安险，承运人运输该批大米在海上航行时，遇暴风雨袭击，致使大米损失 30%。此时，可向保险公司索赔。

2. 中国甲公司与某国乙公司签订茶叶出口合同，并投保水渍险，运输中因遭遇台风造成部分茶叶受损，保险人应予赔偿。

3. 海运途中，因船长过失触礁造成货物部分损失，办了平安险，保险人应予赔偿货损。

4. 青田轮承运一批啤酒花从中国运往欧洲某港，货物投保了一切险，因生产过程中水分过大，啤酒花到目的港时已变质。尽管货物投保了一切险，但保险人不应承担货物变质的赔偿责任。

5. 因投保了一切险，对运输延迟造成的损失，保险人应承担赔偿责任。

[答案]

1. 错误。
2. 正确。
3. 正确。
4. 正确。
5. 错误。

一招制敌

法考必考情节之船舶过失碰撞的考点总结：

（1）根据《海牙规则》，承运人对此货损不赔；

（2）船舶碰撞而致货损在平安险赔偿范围；

（3）船舶碰撞损害赔偿的法律适用问题：

①相同国籍船舶碰撞，适用船旗国法；

②不同国籍船舶公海上碰撞，适用法院地法；

③其他情况的船舶碰撞，适用侵权行为地法。

PROJECT SIXTEEN

信用证法律问题 专题十六

考点81：信用证基本法律问题★★★

1. 信用证的当事人和他们之间的法律关系

当事人	（1）开证申请人，向银行申请开立信用证的人，通常是买卖合同中的买方；
	（2）开证银行，接受开证人的委托，同意开立信用证的银行；
	（3）通知银行，接受开证银行的委托，将信用证通知受益人的银行；
	（4）受益人，信用证上所指定的有权享有该信用证权益的人；
	（5）议付银行，愿意买入受益人交来的单据的银行；
	（6）指定银行，信用证中指定的、信用证可在其处兑用的银行；
	（7）保兑银行，根据开证行的请求在信用证上加以保兑的银行。相对于受益人，保兑行相当于开证行；相对于开证行，保兑行是保证人，开证行是被保证人。
法律关系	（1）开证申请人与受益人：买卖合同关系；
	（2）开证行与开证申请人：委托合同关系；
	（3）开证行与受益人：有条件付款的合同关系；
	（4）通知行与开证行：委托代理关系；
	（5）通知行与受益人之间不存在合同关系。

2. 银行的义务及免责

信用证独立原则	开证行与受益人之间的权利义务关系独立于其他法律关系。
银行的义务	银行有审单的义务，在审单时须坚持单证相符、单单相符的原则，并在满足该条件下付款。
银行的免责	对于单据有效性免责。

3. “软条款”信用证

概念	信用证中的“软条款”指信用证中规定一些限制性条款，或信用证的条款不清，责任不明，使信用证的不可撤销性和独立性大大降低，因而对受益人非常不利。
本质	“软条款”信用证是一种信用证的欺诈形式。买方在信用证中加列一些使信用证实际无法生效，卖方无法执行的“软条款”，目的是使买方骗得履约金、佣金或质保金之后，不通知装船、不签发检验证书，使卖方公司拿不到装船通知和检验证书，不能发货及向开证行交单索汇。

续表

表现	(1) 信用证中载有暂不生效条款。如信用证中注明“本证暂不生效，待进口许可证签发并通知后生效”，或注明“等货物经开证人确认后再通知信用证方能生效”。
	(2) 信用证中有限制付款的条款。如信用证规定“信用证项下的付款要在货物清关后才支付”“开证行须在货物经检验合格后方可支付”“在货物到达时没有接到海关禁止进口通知，开证行才付款”。
	(3) 信用证中有对受益人的交货和提交的各种单据加列各种限制的条款。如“出口货物须经开证申请人派员检验，合格后出具检验认可的证书”“货物样品先寄开证申请人认可”。
	(4) 信用证中有对受益人的交货装运加以各种限制的条款。如“货物装运日期、装运港、目的港须待开证人同意，由开证行以修改书的形式另行通知”，信用证规定“禁止转船”但实际上装运港至目的港无直达船只。
救济	发现有“软条款”，受益人应立即以最快的通讯方式与开证申请人协商，要求改证，对信用证的“软条款”不予接受。

点睛之笔

1. 开证行自开立信用证之时起即不可撤销地承担承付责任。UCP600 中规定信用证是不可撤销的。不可撤销的信用证指在信用证有效期内，不经开证行、保兑行（如有）和受益人同意就不得修改或撤销的信用证。不可撤销的信用证对受益人收款比较有保障，是在国际贸易中使用最为广泛的一种信用证。不可撤销信用证不是不能撤销和修改，须经开证行、保兑行或受益人同意，才可以修改或撤销。

2. 相对于受益人，保兑行相当于开证行；相对于开证行，保兑行是保证人，开证行是被保证人。因此，保兑行一般在收取了保兑费用的基础上，才会对信用证进行保兑。该费用最终是由开证申请人承担的。另外，保兑信用证相对于不保兑信用证而言，受益人的收款利益更有保障。所以，在国际贸易中，开出保兑信用证对卖方有利。

3. 在信用证交易的当事人之间的上述关系中，信用证开证行与受益人之间的权利义务关系，独立于其他法律关系。银行关于承付、议付或履行信用证项下的其他义务的承诺，原则上只受“单证相符”“单单相符”的约束，即符合该条件，开证行即应向受益人付款，不受申请人基于其与开证行或受益人之间的关系而产生的索偿或抗辩的影响。但是，信用证独立原则不是绝对的，出现信用证欺诈时除外。

4. 开证行即使凭假单据善意付款，其对开证申请人也不必承担赔偿责任。该项规定主要是为了保证信用证的流通性。如果要求对单据的真伪负责，银行对单据的审查将会特别谨慎和严格，短时间内也不会付款，这样就阻碍了信用证流通，也就会影响国际贸易的顺利进行。

最爱考

1. 在信用证的各方当事人关系中，开证行只是接受委托向受益人付款，开证行拒绝付款时，付款人还是开证申请人。

2. 中国银行应中国某进出口公司的申请，开出以美国某公司为受益人的信用证，同时请求美国大通银行予以保兑。根据《跟单信用证统一惯例》(UCP600) 的规定，则大通银行的保兑并不使开证行的义务免除，受益人可以要求开证行付款。若保兑行偿付被指定银行后，也可以向开证行要求偿付；大通银行的保兑，为该信用证提供了保障，使开证行成了被担保行；保兑行自对信用证加具保兑之时起即承担承付或议付的责任。

3. 中国某公司进口了一批皮制品，信用证方式支付，以海运方式运输，中国收货人持正本提单提货时发现货物已被他人提走。因货物已放予他人，收货人不再需要向卖方支付信用证项下的货款。

4. 中国甲公司与德国乙公司签订了出口红枣的合同，约定品质为二级，信用证方式支付，银行应在审查货物的真实等级后再决定是否收单付款。

5. 银行可以发票与信用证不符为由拒绝收单付款。

6. 信用证要求提单为已装船提单，此为“软条款”信用证。

7. 信用证规定“开证行须在货物经检验合格后方可支付”，此为“软条款”信用证。

[答案]

1. 错误。

2. 正确。

3. 错误。信用证独立原则。

4. 错误。

5. 正确。

6. 错误。

7. 正确。

考点 82：信用证司法解释——《最高人民法院关于审理信用证纠纷案件若干问题的规定》★★★

法律适用	1. 信用证直接纠纷，适用当事人约定的法律；没有约定的，适用 UCP600 或者其他相关国际惯例；
	2. 信用证相关纠纷，应当适用中国相关法律。涉外合同当事人另有约定的除外。
审单	1. 审单标准：《规定》明确了审单采用“严格相符”中的“表面相符”标准。
	2. 审单主体：开证行。 (1) 开证行有独立审查单据的权利和义务，有权自行决定单证是否一致。 (2) 对于不符点，开证行可以自行决定是否联系开证申请人接受。开证申请人决定是否接受不符点，并不影响开证行最终决定是否接受不符点。

续表

信用证独立原则	银行不受买卖合同的约束，但出现信用证欺诈情形时除外。
信用证欺诈例外	1. 信用证欺诈情形： （1）受益人伪造单据或者提交记载内容虚假的单据； （2）受益人恶意不交付货物或者交付的货物无价值； （3）受益人和开证申请人或者其他第三方串通提交假单据，而没有真实的基础交易； （4）其他进行信用证欺诈的情形。
	2. 法院中止支付信用证的条件： （1）利害关系人申请； （2）向有管辖权的法院提出； （3）举证证明存在欺诈情形； （4）举证证明不中止支付该款项将遭受无法弥补的损失； （5）申请人提供了可靠、充分的担保； （6）该信用证尚未被银行（开证行、指定行、议付行或保兑行）善意承兑或付款。
	3. 时间限制。人民法院接受中止支付信用证项下款项申请后，必须在48小时内作出裁定；裁定中止支付的，应当立即开始执行。
	4. 终止支付。只有经过法院的实体审判才可以在符合条件的情况下“判决终止支付信用证下的款项”。

点睛之笔

1. 信用证纠纷可以分为两类：信用证直接纠纷和信用证相关纠纷。信用证直接纠纷，指在信用证开立、通知、修改、撤销、保兑、议付、偿付等环节产生的纠纷；信用证相关纠纷，指申请开立信用证而产生的欠款纠纷、委托开立信用证纠纷和因此产生的担保纠纷以及信用证项下融资产生的纠纷。

2. “表面相符”首先是严格相符，其次它不是“镜像一致”，允许单证之间有细微的、不会引起歧义的“不一致”，即单证之间、单单之间有细微差别但是没有引发歧义是可以接受的。

3. 开证行发现信用证项下存在不符点后，可以自行决定是否联系开证申请人接受不符点。开证申请人决定是否接受不符点，并不影响开证行最终决定是否接受不符点。开证行和开证申请人另有约定的除外。

最爱考

1. 中国甲公司（买方）与某国乙公司签订仪器买卖合同，付款方式为信用证，中国丙银行为开证行，中国丁银行为甲公司申请开证的保证人，担保合同未约定法律适用。依我国相关法律规定，丁银行与甲公司之间的担保关系应适用《跟单信用证统一惯例》规定。

2. 中国甲公司（买方）与某国乙公司签订货物买卖合同，付款方式为信用证，中国丙银行为开证行。乙公司向信用证指定行提交单据后，指定行善意支付了信用证项下的款项。后甲公司以乙公司伪造单据为由，向中国某法院申请禁止支付令。依我国相关法律规定，中国法院应禁止中国丙银行对外付款。

3. 开证行发现单证存在不符点，有义务联系开证申请人征询是否接受不符点。

4. 开证申请人已接受不符点，开证行必须承担付款责任。

［答案］

1. 错误。丁银行作为甲公司的开证保证人，其与甲公司之间的担保关系不适用《跟单信用证统一惯例》，而是适用中国相关法律。

2. 错误。不能止付，因指定行已经善意付款。

3. 错误。

4. 错误。

专题十七 PROJECT SEVENTEEN 我国的贸易救济措施

考点83：反倾销措施★★

内容	具体规定
采取反倾销措施的条件	（1）倾销：出口价格低于正常价值。正常价值三种计算方法，出口国内市场价格，没有国内市场价格的，以出口到第三国的价格或者结构价格为准。
	（2）损害：对国内产业的同类产品造成①实质性损害，或②实质性损害相威胁，或③对建立国内产业构成实质性阻碍。
	（3）倾销与损害之间存在因果关系。
调查	（1）机构：商务部。
	（2）启动方式：①国内产业或代表国内产业的自然人、法人申请；②特殊情况下，商务部主动立案调查。
	（3）终止调查：①申请人撤销；②没有足够证据；③幅度低于2%；④数量或损害可以忽略不计；⑤商务部认为不宜继续进行。
措施	（1）临时反倾销措施：①关税税则委员会根据商务部建议决定采取，商务部公布；②临时反倾销税、保证金、其他；③一般不超过4个月，特殊情况可以延长，最长不超过9个月；④立案公告之日起60天内不得采取。
	（2）价格承诺：①商务部建议但不得强迫；②初步裁定肯定裁决之后；③接受决定权在商务部；④出口经营者违反，立即恢复反倾销调查，可以根据当时情况采取临时反倾销措施。
	（3）反倾销税：①关税税则委员会根据商务部建议决定采取，商务部公布，海关征收；②一般对终局裁定之日以后产品征收，特殊情况可以追溯征收；③税率根据倾销幅度确定，但不能超过倾销幅度；④纳税义务人：进口商。
期限	反倾销税和价格承诺的期限一般不超过5年，满足条件的，可以适当延长反倾销税的征收期限。
复审	（1）商务部可以决定； （2）利害关系方申请。

反倾销程序简图：

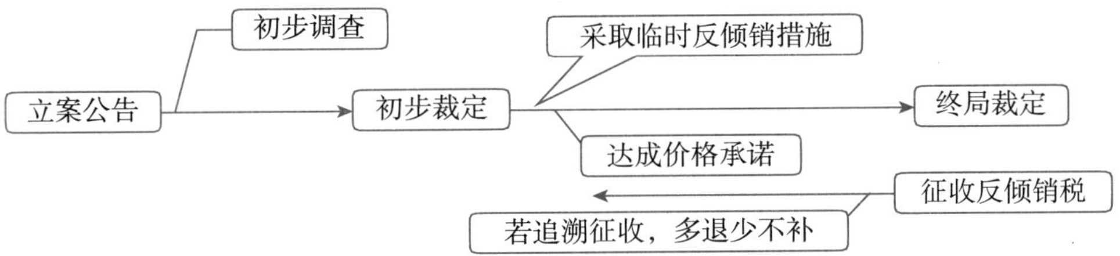

点睛之笔

1. 反倾销调查的申请应特别包括下述两个方面：第一，申请调查的进口产品倾销、对国内产业造成损害、二者之间存在因果关系的证据；第二，有足够的国内生产者的支持，在支持申请和反对申请的生产者中，支持者的产量占二者总产量的50%以上，同时不得低于国内同类产品总产量的25%。

2. 倾销幅度的计算公式是：倾销幅度=（调整后的正常价格-调整后的出口价格）÷调整后的出口价格×100%。

3. 倾销进口产品来自两个以上国家（地区），并且同时满足下列条件的，可以就倾销进口产品对国内产业造成的影响进行累积评估：

（1）来自每一国家（地区）的倾销进口产品的倾销幅度不小于2%，并且其进口量不属于可忽略不计的；

（2）根据倾销进口产品之间以及倾销进口产品与国内同类产品之间的竞争条件，进行累积评估是适当的。

4.《反倾销条例》对因果关系的要求是“只要求是原因之一，不要求是唯一原因”。倾销进口必须是造成国内产业损害的原因之一。在确定倾销对国内产业的损害时，应当依据肯定性证据，不得将非倾销因素对国内产业造成的损害归因于倾销，此即不归因原则。

5. 外国出口商在倾销，而向进口商征收反倾销税的原因在于，出口商在外国，进口国对之征税不现实。另外，向进口商征税可以达到反倾销的目的。

6. 反倾销措施是一种恢复性的救济措施，其目的是保护竞争，而不是消灭竞争。出口商利用其自身优势在进口国低价销售产品是一种不公平竞争行为，采取反倾销措施，消除这种不公平行为即是保护竞争，因此，反倾销税不是征得越多越好，受不能超过倾销幅度的限制。

7. 终裁决定确定存在实质损害或实质损害威胁，并且在此前已经采取临时反倾销措施的，商务部可以决定对已经实施临时反倾销措施的期间追溯征收。

8. 对实施临时反倾销税的期间追溯征收反倾销税的，采取多退少不补的原则。即终裁决定确定的反倾销税额高于已付或应付临时反倾销税或担保金额的，差额部分不予征收；低于已付或应付临时反倾销税或担保金额的，差额部分应予退还或重新计算。

9. 终局裁定确定不征收反倾销税的，或者终局裁定未确定追溯征收反倾销税的，应当退还已征收的临时反倾销税、已收取的保证金，解除保函或者其他形式的担保。

10. 对商务部的终裁决定可以申请行政复议，也可以启动行政诉讼，不存在行政复议前置的问题。

最爱考

1. 国内某产品生产商向我国商务部申请对从甲国进口的该产品进行反倾销调查。该产品的国内生产商共有 100 多家。根据我国相关法律规定，任何一家该产品的国内生产商均可启动反倾销调查。

2. 如支持申请的国内生产者的产量不足国内同类产品总产量 25% 的，不得启动反倾销调查。

3. 进行反倾销调查时，若利害关系方不如实反映情况，商务部可不予处理。

4. 商务部认为有必要出境调查时，须通过司法协助途径。

5. 与反倾销调查有关的对外磋商、通知和争端事宜由外交部负责。

6. 通常来说，为了保障效果，临时反倾销措施在公告反倾销立案调查之日起即可实施。

7. 如出口经营者不接受商务部建议的价格承诺，则会妨碍反倾销案件的调查和确定。

8. 对出口经营者作出的价格承诺，商务部应予接受。

9. 反倾销税的履行期限是 5 年，不得延长。

10. 对不同出口经营者应该征收同一标准的反倾销税税额。

11. 征收反倾销税，由国务院关税税则委员会作出决定，商务部执行。

12. 终裁决定确定的反倾销税高于临时反倾销税的，差额部分应予征收。

13. 中国甲厂、乙厂和丙厂代表中国丙烯酸酯产业向主管部门提出了对原产于 A 国、B 国和 C 国的丙烯酸酯进行反倾销调查的申请，经审查终局裁定确定倾销成立并对国内产业造成了损害，决定征收反倾销税。在此情形下，丙烯酸酯的出口经营者是反倾销税的纳税人。

14. 反倾销税只对终局裁定公告之日后进口的产品适用。

[答案]

1. 错误。

2. 正确。

3. 错误。商务部可以根据已经获得的事实和可获得的最佳信息作出裁定。

4. 错误。

5. 错误。

6. 错误。

7. 错误。

8. 错误。

9. 错误。

10. 错误。

11. 错误。

12. 错误。
13. 错误。
14. 错误。

考点 84：反补贴措施★

<table>
<tr><td rowspan="4">采取反补贴措施的条件</td><td rowspan="2">专向性补贴</td><td>补贴：一是政府或政府授权、指令的机构提供了财政资助，另一个是接受者获得了利益。</td></tr>
<tr><td>专向性。下列补贴为专向性补贴：
1. 由出口国政府明确确定的某些企业、产业获得的补贴；
2. 由出口国法律明确确定的某些企业、产业获得的补贴；
3. 指定特定区域内的产业、企业获得的补贴；
4. 以出口实绩为条件获得的补贴；
5. 以使用本国产品替代进口为条件获得的补贴。</td></tr>
<tr><td colspan="2">损害：对国内产业的同类产品造成实质性损害，或实质性损害相威胁，或对建立国内产业构成实质性阻碍。</td></tr>
<tr><td colspan="2">专向性补贴和损害之间存在因果关系。</td></tr>
<tr><td>反补贴调查程序</td><td colspan="2">与反倾销调查的程序基本相同。</td></tr>
<tr><td>反补贴措施</td><td colspan="2">与反倾销措施基本相同。主要不同为：
1. 临时反补贴措施实施的期限，不超过 4 个月；
2. 出口国政府或出口经营者，都可以作出承诺，分别承诺取消、限制补贴或其他有关措施，承诺修改价格。</td></tr>
</table>

点睛之笔

1. 出口国政府给予企业的免税优惠，出口国政府提供的贷款，出口国政府通过向筹资机构付款，转而向企业提供资金等均系补贴；而出口国政府出资兴建通向口岸的高速公路则属于政府进行基础设施建设，不是补贴。

2. 反补贴措施与反倾销措施类似，包括临时反补贴措施、承诺及反补贴税。实施条件基本相同。不同之处主要有两点：

（1）出口国政府或出口经营者，都可以作出承诺，包括承诺取消、限制补贴或其他有关措施，承诺修改价格。因此，称之为“承诺”，比反倾销措施中的“价格承诺”内容更广泛；

（2）临时反倾销措施实施的期限，自临时反倾销措施决定公告实施之日起不得超出 4 个月，特殊情形下可延长至 9 个月。而临时反补贴措施自决定公告实施之日起不得超出 4 个月，没有可再延长之规定。

最爱考

1. 补贴必须由政府直接提供。
2. 反补贴措施必须针对专向性补贴。

3. 反补贴税额不得超过终裁决定确定的补贴金额。

4. 反补贴税的纳税人为补贴进口产品的进口经营者。

5. 如对商务部征收反补贴税的终局裁定不服，必须首先向商务部请求行政复议，对行政复议决定还不服，才能向中国有管辖权的法院起诉。

[答案]

1. 错误。
2. 正确。
3. 正确。
4. 正确。
5. 错误。

考点85：保障措施★★

条件	1. 进口产品数量增加（包括绝对增加和相对增加）； 2. 对国内产业造成严重损害或严重损害威胁； 3. 两者之间存在因果关系。
保障措施的实施	1. 措施。 （1）临时保障措施（条件：有明确证据表明进口产品数量增加，在不采取临时保障措施将对国内产业造成难以补救的损害的紧急情况下。手段：提高关税。终裁决定确定不采取保障措施的，已征收的临时关税应当予以退还。）； （2）保障措施（提高关税、数量限制等）。
	2. 期限。 （1）临时保障措施的实施期限，自临时保障措施决定公告规定实施之日起，不超过200天。 （2）保障措施的实施期限不超过4年；符合条件的可以适当延长，但是一项保障措施的实施期限及其延长期限，最长不超过10年。 （3）保障措施实施期限超过1年的，应当在实施期间内按固定时间间隔逐步放宽。

点睛之笔

1. 进口数量增加指进口数量的绝对增加或者与国内生产相比的相对增加。

2. 绝对增加是进口产品的数量的实际增长。如，某产品的进口量从1000吨增加为2000吨。而相对增加是相对于进口国国内生产总量而言，进口产品的市场份额的增加；并且，实际进口量不一定发生改变。如，某一进口国每年进口彩电1000台，其国内彩电生产量从4000台/年降到2000台/年；在进口量不变的情况下，进口产品的市场份额从20%上升为33.3%。

最爱考

1. 某种化工材料进口数量的增加，使国内生产同类产品及其直接竞争的产品的化工厂受到严重损害。依我国相关法律规定，与国内产业有关的自然人、法人或其他组织有权向有管辖权的法院提起损害赔偿的诉讼。

2. 进口中国的某类化工产品2020年占中国的市场份额比2019年有较大增加，经查，两年进口总量虽持平，但仍给生产同类产品的中国产业造成了严重损害。依我国相关法律，受损害的中国国内产业可向商务部申请反倾销调查。

3. 临时保障措施包括提高关税和数量限制。

4. 保障措施只针对进口产品数量的绝对增加。

5. 保障措施只应针对终裁决定作出后进口的产品实施。

［答案］

1. 错误。诉讼需要有明确的被告等条件，仅仅是化工材料进口数量的增加不符合诉讼的条件，应向商务部提出保障措施调查的申请。

2. 错误。

3. 错误。

4. 错误。

5. 错误。对终裁决定前进口产品，商务部可以作出初裁决定并采取临时保障措施。同时，终裁决定确定不采取保障措施的，已征收的临时关税应当予以退还。据此可知，作出终裁决定的保障措施可以追溯到临时保障措施期间。

考点 86："两反一保"之比较★★★

	反倾销	反补贴	保障措施
条件	存在倾销（不公平贸易行为）	存在专向性补贴（不公平贸易行为）	进口数量（绝对或相对）增加（公平贸易行为）
	造成损害（实质性损害、实质性损害的威胁、实质性阻碍）		造成严重损害或严重损害威胁
	倾销和损害存在因果关系	专向性补贴和损害存在因果关系	进口增加和损害存在因果关系
启动方式	①国内产业或代表国内产业的自然人、法人申请； ②特殊情况下，商务部主动立案调查。		①与国内产业有关的自然人、法人或其他组织（并非必须是"国内生产者"，且不存在产业支持量的要求。） ②特殊情况下，商务部主动立案调查。
措施	临时反倾销措施（公告起 4 个月，最长不超过 9 个月）、价格承诺（出口经营者作出）、反倾销税（向进口经营者征收）	临时反补贴措施（不超过 4 个月）、承诺（出口国政府或出口经营者作出）、反补贴税（向进口经营者征收）	临时保障措施（提高关税）、保障措施（提高关税、数量限制等形式）
实施期限	5 年，经复审有必要可适当延长		4 年，最长不超过 10 年
法律性质	针对特定国家的进口产品		保障措施应当针对正在进口的产品实施，不区分产品来源国（地区）

点睛之笔

1. 适用保障措施要求的产业损害程度重于反倾销或反补贴要求的损害程度，即严重损害而不是实质损害。严重损害对损害程度要求更高。

2. 保障措施调查的启动包括申请人申请和商务部主动调查两种方式。保障措施的申请人为“与国内产业有关的自然人、法人或者其他组织”，并非必须是“国内生产者”，不像反倾销措施、反补贴措的申请启动得是“国内产业或者代表国内产业的自然人、法人或者有关组织”申请。当然，可以由国内生产者提出保障措施申请，不是必须而已。并且，不存在反倾销条例或反补贴条例中的产业支持量的要求。

3. 保障措施与反倾销措施、反补贴措施不同，后两者都是具体行政行为，针对倾销或专向性补贴行为。即哪个国家的产品有倾销或专向性补贴，就对该产品采取反倾销或反补贴措施，对于没有的，则不采取反倾销措施。而保障措施不区分产品来源国（地区）。

最爱考

1. 中国有关部门启动保障措施调查，应以国内有关生产者申请为条件。

2. 同意进行价格承诺，则可避免被中国有关部门采取保障措施。

3. 进口到中国的某种化工材料数量激增，其中来自甲国的该种化工材料数量最多，导致中国同类材料的生产企业遭受严重损害。终裁后，中国有关部门可仅对已经进口的甲国材料采取保障措施。

[答案]

1. 错误。与国内产业有关的自然人、法人或者其他组织申请，并非必须是“国内生产者”。

2. 错误。

3. 错误。

PROJECT EIGHTEEN

世界贸易组织法 专题十八

考点 87：WTO 与中国★

<table>
<tr><td rowspan="7">WTO</td><td>成员</td><td colspan="3">各国政府+单独关税区。</td></tr>
<tr><td rowspan="6">WTO 协定（效力最高）及其附件</td><td rowspan="5">多边贸易协议（对所有成员都有拘束力）</td><td rowspan="3">附件1</td><td>附件 1A：货物贸易多边协议。GATT1994+11 个具体多边协议（优于 GATT1994）；</td></tr>
<tr><td>附件 1B：服务贸易总协定（GATS）；</td></tr>
<tr><td>附件 1C：与贸易有关的知识产权协议（TRIPs）。</td></tr>
<tr><td colspan="2">附件 2：关于争端解决规则和程序的谅解（DSU）。</td></tr>
<tr><td colspan="2">附件 3：贸易政策审查机制（TPRM）。</td></tr>
<tr><td>诸边贸易协议（对参加成员有约束力）</td><td colspan="2">附件 4：
A. 《民用航空器贸易协议》；
B. 《政府采购协议》；
C. 《国际奶制品协议》；
D. 《国际牛肉协议》。
（后两个协议已失效）</td></tr>
<tr><td colspan="2" rowspan="3">我国承担 WTO 义务的法律框架</td><td colspan="3">1. WTO 协定及其附件规定的一般义务。</td></tr>
<tr><td rowspan="2">2. 规定我国特殊义务的法律文件</td><td colspan="2">（1）《中国加入世界贸易组织议定书》及作为其附件的《中国入世工作组报告》；</td></tr>
<tr><td colspan="2">（2）中国与其他成员进行的加入谈判的结果和中国作出的具体承诺。</td></tr>
</table>

点睛之笔

1. WTO 首先是一个多边性贸易组织，其成员是各国政府和单独关税区政府（如港澳台），任何个人、企业或其他非政府组织都不能成为其成员。

2. WTO 还代表了一个庞大的法律体系，在这个体系中《WTO 协定》效力最高，整个世界贸易组织就是根据它建立起来的。《WTO 协定》下有四个附件，其中附件 1、附件 2 和附件 3 是多边贸易协议，对每一个成员都具有法律拘束力。附件 1 又有附件 1A、附件 1B 和附件 1C，分别对应《货物贸易多边协定》《服务贸易总协定》和《与贸易有关的知识产权协定》（TRIPs）。而《货物贸易多边协定》又包括《关贸总协定》（GATT1994）和 11 个具体协议，其中11个具体协议的效力要优于GATT1994。附件2《关于争端解决规则和程序的谅解》在世界贸易组织框架下建立了统一的多边贸易争端解决机制。附件3是贸易政策审查机制。

3. 附件4的协议被称为诸边协议或复边协议，各成员可选择加入或不加入，附件4仅对参加成员有拘束力。

4. 《中国加入世界贸易组织议定书》及作为其附件的《中国入世工作组报告》，专门给中国规定了一些特殊义务，如特别规定了针对中国产品的特定产品的过渡性保障措施机制。这一机制，专对中国产品实施，实施条件低于保障措施的要求。另外，中国与其他成员进行的加入谈判的结果和中国作出的具体承诺，也是该议定书的组成部分。

最爱考

1. 世界贸易组织成员包括加入世界贸易组织的各国政府和单独关税区政府，中国香港、澳门和台湾是世界贸易组织的成员。

2. 《关于争端解决规则与程序的谅解》在世界贸易组织框架下建立了统一的多边贸易争端解决机制。

3. 《政府采购协议》属于世界贸易组织法律体系中诸边贸易协议，该协议对于中国在内的所有成员均有约束力。

4. 《中国加入世界贸易组织议定书》中特别规定了针对中国产品的特定产品的过渡性保障措施机制。

［答案］

1. 正确。
2. 正确。
3. 错误。
4. 正确。

考点88：最惠国待遇原则★

含义	世界贸易组织的成员，都可以享受其他成员给予任何国家的待遇。在不同的协议中，最惠国待遇义务的含义并不完全相同，各有其严格的适用条件和范围。
特点	普遍性、相互性、自动性和同一性的特点。
地位	对最惠国待遇原则的修改，必须经全体成员同意才有效。
GATT的最惠国待遇	1. GATT的最惠国待遇适用于五个方面： （1）与进出口有关的任何关税和费用； （2）进出口关税和费用的征收方法； （3）与进出口有关的规则、手续； （4）国内税或其他国内费用； （5）影响产品的国内销售、许诺销售、购买、运输、经销和使用的法律规章和要求方面的待遇。
	2. 只有原产于其他成员的同类产品，才能享有最惠国待遇。

续表

GATT的最惠国待遇	3. 例外： （1）边境贸易； （2）普遍优惠制度（对发展中国家的优惠待遇）； （3）关税同盟和自由贸易区（区域经济安排）； （4）允许以收支平衡理由偏离最惠国待遇义务； （5）允许对造成国内产业损害的倾销进口或补贴进口征收反倾销税或反补贴税； （6）允许因一般例外或国家安全例外偏离最惠国待遇义务； （7）可对某一成员或某些成员豁免最惠国待遇义务； （8）一般例外的规定： ①为保护人类、动植物的生命或健康所必需的措施； ②与保护可用尽的自然资源有关的、与限制国内生产或消费一同实施的措施； ③为保证与该总协定一致的法律的实施所必需的措施。

点睛之笔

1. 甲、乙、丙、丁四国都是世贸组织成员国。现甲、乙两国达成一项贸易条约，约定相互给予对方国家的贸易产品以关税减免的优惠，那么根据世贸组织最惠国待遇原则，甲根据该条约给予乙的优惠，就应该立即无条件地给予丙国和丁国的贸易产品。丙、丁与甲国不需再行谈判。此即最惠国待遇原则。同样，日后如丙给予丁以特殊优惠，也应该给予甲和乙。如甲对来自乙国的钢铁产品征收5%的低关税，则对来自丙、丁两国的钢铁产品也要征收5%的关税。

2. 根据《关税和贸易总协定》（GATT1994），WTO成员承担最惠国待遇义务需要同时满足两个条件：第一，同类产品；第二，该同类产品都是原产于其他成员。

最爱考

1. 甲、乙、丙三国为世界贸易组织成员，丁国不是该组织成员。关于甲国对进口立式空调和中央空调的进口关税问题，根据《关税与贸易总协定》，甲国给予来自乙国的立式空调和丙国的中央空调以不同的关税，违反了最惠国待遇原则。

2. 甲、乙、丙、丁均为世贸组织成员国，甲国对来自乙、丙、丁三国的某种服装产品应该征收相同关税，如都是8%。现在因为丁国对甲国进口该种服装产品时低价倾销，于是甲国对之征收30%的反倾销税。此种做法并未违反最惠国待遇原则。

［答案］

1. 错误。

2. 正确。

考点89：国民待遇原则★★

地位	国民待遇原则是世界贸易组织的基本原则。

续表

<table>
<tr><td>特点</td><td colspan="2">世界贸易组织的三个主要协定《关税与贸易总协定》、《服务贸易总协定》和《与贸易有关的知识产权协定》，都有关于国民待遇的规定。但每一协定中国民待遇义务的具体适用条件并不相同，特别是《服务贸易总协定》中的国民待遇在性质上不同于另外两个协定中的国民待遇义务。</td></tr>
<tr><td rowspan="5">GATT的国民待遇</td><td colspan="2">1. 含义。外国进口产品所享受的待遇不低于本国同类产品、直接竞争或替代产品所享受的待遇。该义务基本可以分成两类：一类涉及国内税费；另一类涉及影响产品销售运输等的国内法律、规章。</td></tr>
<tr><td colspan="2">2. 适用。国民待遇义务适用于每一具体产品。各进口成员不能在不同产品、不同批次产品中进行国民待遇的平衡，不得以对某些产品提供优惠待遇为借口对其他产品拒绝国民待遇。</td></tr>
<tr><td rowspan="3">3. 例外</td><td>（1）政府采购例外。</td></tr>
<tr><td>（2）仅对某种产品的国内生产商提供的补贴例外。</td></tr>
<tr><td>（3）一般例外的规定：
①为保护人类、动植物的生命或健康所必需的措施；
②与保护可用尽的自然资源有关的、与限制国内生产或消费一同实施的措施；
③为保证与该总协定一致的法律的实施所必需的措施。</td></tr>
</table>

最爱考

1. 甲、乙、丙三国均为世界贸易组织成员，甲国对进口的某类药品征收8%的国内税，而同类国产药品的国内税为6%。此即违反最惠国待遇原则。

2. 《关税与贸易总协定》中的国民待遇只要求对外国进口产品给予不低于本国同类产品的待遇即可。

3. 在《关贸总协定》下，若某产品的进口成员不能在该产品上提供国民待遇，则可以通过在其他类别的产品给予超国民待遇进行平衡。

4. 在政府采购领域，可以不对外国产品提供国民待遇。

［答案］

1. 错误。违反了国民待遇原则。

2. 错误。

3. 错误。

4. 正确。

一招制敌

最惠国待遇和国民待遇相比有以下主要区别：

1. 对比的参照系不同。最惠国待遇是在外国产品之间进行比较，而国民待遇是在外国产品和本国产品之间进行比较；

2. 程度不同。最惠国待遇要求对来自成员的同类产品给予相同待遇，而国民待遇要求给予外国产品不低于本国产品的待遇，可以相同待遇，也可以更高的待遇；

3. 对比的产品范围不同。最惠国待遇是针对同类产品，而国民待遇针对的是同类产品、直接竞争或替代产品，范围更广；

4. 适用范围不同。GATT 的最惠国待遇适用于五个方面，而国民待遇仅适用于这五个方面当中的后两个方面。

考点 90：服务贸易总协定★★★

<table>
<tr><td rowspan="3">总协定的特点</td><td colspan="2">1. 第一个调整国际服务贸易的多边性、具有法律强制力的规则。它规定了服务贸易的一般原则和义务及各成员的具体承诺。</td></tr>
<tr><td colspan="2">2. 总协定明显地表现出了框架性协定的特点，目前还缺乏有关的具体义务和规则。</td></tr>
<tr><td colspan="2">3. 总协定适用于各成员影响服务贸易的措施，包括成员的中央、地区或地方政府的措施。但总协定不适用于为履行政府职能而提供的服务。</td></tr>
<tr><td rowspan="4">服务贸易的四种方式</td><td colspan="2">1. 跨境供应，从一国境内直接向其他国境内提供服务——服务产品的流动。</td></tr>
<tr><td colspan="2">2. 境外消费，在一国境内向其他国的服务消费者提供服务——消费者的流动。</td></tr>
<tr><td colspan="2">3. 商业存在，外国实体在另一国境内设立附属公司或分支机构，提供服务——设立当地机构。</td></tr>
<tr><td colspan="2">4. 自然人的存在，一国的服务提供商通过自然人到其他国境内提供服务——自然人流动。</td></tr>
<tr><td>最惠国待遇义务</td><td colspan="2">《服务贸易总协定》中的最惠国待遇原则与《关税与贸易总协定》的规则基本一致，但服务贸易中的最惠国待遇适用于服务产品和服务提供者而不适用于货物产品。</td></tr>
<tr><td rowspan="3">具体承诺（依每一成员具体列出的承诺表来确定）</td><td>1. 减让表</td><td>每一成员在其减让表中列出了自己作出的具体承诺。具体承诺减让表规定了对外国服务和外国服务提供者的限制。是否给予市场准入、是否给予国民待遇以及成员在哪些具体服务部门和事项方面承担具体义务，均依该具体承诺减让表来确定。</td></tr>
<tr><td>2. 市场准入</td><td>在服务提供方式的市场准入方面，每个成员给予其他任何成员的服务和服务提供者的待遇，不得低于其承诺表中同意和明确的规定、限制和条件。</td></tr>
<tr><td>3. 国民待遇</td><td>《服务贸易总协定》中的国民待遇义务，仅限于列入承诺表的部门，并且要遵循其中所列的条件和资格。国民待遇要求适用于同类服务或服务提供者。</td></tr>
</table>

点睛之笔

允许外国服务或服务提供者进入本国的贸易市场，并不等于赋予它们与本国同类服务和服务提供者一样的待遇。因此，《服务贸易总协定》中的国民待遇义务，仅限于列入承诺表的部门，并且要遵循其中所列的条件和资格。没有作出承诺的部门，不适用国民待遇义务。即使在作出的承诺中，也允许按所列的条件对国民待遇进行限制。这与货物贸易中的国民待遇形成鲜明对比。

最爱考

1.《服务贸易总协定》适用于WTO成员的政府服务采购。

2. 中国公民接受国外某银行在中国分支机构的金融服务属于协定中的境外消费。

3. 协定中的最惠国待遇只适用于服务产品而不适用于服务提供者。

[答案]

1. 错误。
2. 错误。
3. 错误。

考点91：WTO争端解决机制★★★

1. 争端解决程序

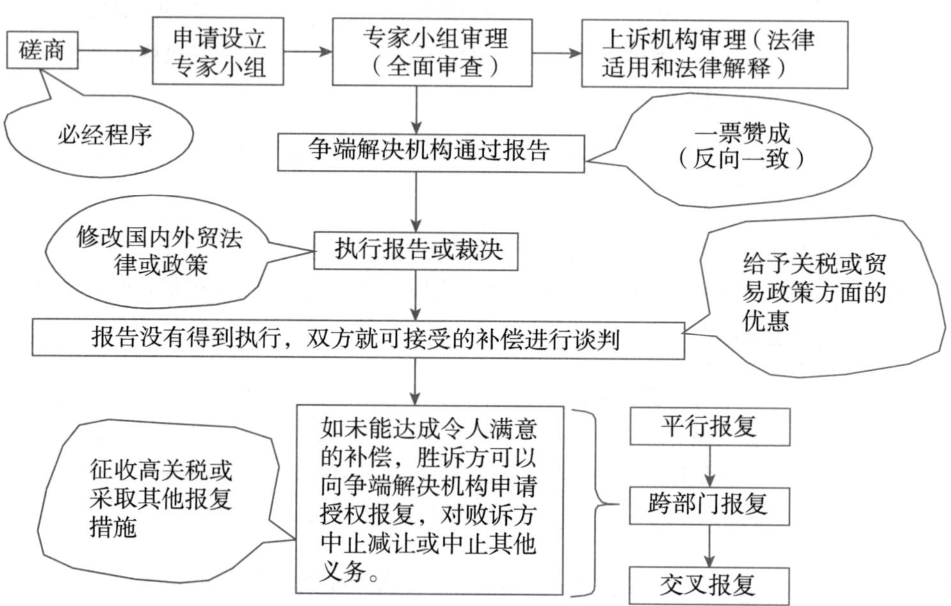

2. 专家小组和上诉机构之比较

	专家小组	上诉机构
相同	协商不成后的程序，不是必经程序。	也不是必经程序。
不同	临时设立，成员从名单中选定专家审理。不能达成一致，总干事任命。	常设机构，上诉机构7名成员中的3人组成上诉庭审理。
	既审查事实，又审查法律。	审查专家组报告中的法律问题和专家组所做的法律解释问题，不审查事实问题。

点睛之笔

1. 甲国多家出口企业在乙国被终裁具有倾销行为，并征收了反倾销税，已知甲乙两国均为WTO成员方，那么，甲国政府和这些出口企业可以有如下法律救济：（1）甲国出口企业可以在乙国提起对乙国政府的反倾销行政诉讼；（2）甲国政府可以在WTO起诉乙国政府违反其承担的WTO的相关义务，如果乙国政府在WTO被裁决败诉，则乙国政府应在合理时间内履行争端解决机构的裁定和建议。但争端解决机构只能建议进口成员政府使其措施与世界贸易组织规则相一致，而不能直接撤销或修改相关措施。

2. 磋商是必经阶段，但仅为程序性要求，专家组对当事方未提交的事项不予审理；专家组的报告如果争端各方无异议，则可直接提交争端解决机构表决。上诉机构对专家组报告中的法律错误可直接予以纠正，而不存在上诉到争端解决机构的问题。

3. 上诉机构则只审查专家组报告涉及的法律问题和专家组作出的法律解释。上诉机构可以推翻、修改或撤销专家组的调查结果和结论。上诉机构没有将案件发回专家组重新审理的权力。

4. 争端解决机构在通过争端解决报告上采用的是“反向一致”原则，除非争端解决机构一致不同意通过相关争端解决报告，该报告即得以通过。即只要有一票赞成该报告，报告即得通过。该通过方式实际上是一种一票通过制，是一种准自动通过方式。通过的报告即构成了争端解决机构的裁决或建议。

5. 中止减让或其他义务，即报复，首先应在被认定为违反义务或造成利益丧失或受损的部门的相同部门实施（平行报复）；对相同部门中止减让或其他义务不可行或无效时，可以对同一协议下的其他部门实施（跨部门报复）；如对同一协议下的其他部门中止减让或其他义务不可行或无效时，可寻求中止另一协议项下的减让或其他义务（交叉报复）。中止减让或其他义务的程度和范围，应与其所受到的损害相等。

最爱考

1. 甲、乙、丙三国均为WTO成员国，甲国给予乙国进口丝束的配额，但没有给予丙国配额，而甲国又是国际上为数不多消费丝束产品的国家。为此，依相关规则，丙国生产丝束的企业可以以甲国违反最惠国待遇为由起诉甲国。

2. 如果争端各方认为根本没有可能磋商，则可以直接进入专家组程序。

3. 专家组报告必须经过上诉审的复核，方可提交争端解决机构表决。

4. 上诉机构认为专家组报告中适用法律存在错误，可以将该错误提交争端解决机构决定。

5. 在成立专家组之前必须经过“充分性”的磋商。

6. 上诉机构可以推翻专家组对有关事实的认定。

7. 上诉机构作出的报告争端各方应无条件接受。

8. 争端解决机构一致同意，专家组的报告才能通过。

9. WTO争端解决机制中的报复措施只限于在同种产品上使用。

[答案]

1. 错误。甲国违反最惠国待遇原则。但WTO只处理其成员之间的争议，丙国企业不能在 WTO 起诉甲国。

2. 错误。
3. 错误。
4. 错误。
5. 错误。
6. 错误。
7. 错误。上诉机构的报告需经通过才有效。
8. 错误。
9. 错误。

PROJECT NINETEEN

国际知识产权法 专题十九

考点92：《巴黎公约》★★

<table>
<tr><td>保护范围</td><td colspan="3">几乎所有的工业产权。</td></tr>
<tr><td rowspan="8">基本原则</td><td>国民待遇原则</td><td colspan="2">以国籍、住所或营业所是否在缔约国来确定是否给予国民待遇。</td></tr>
<tr><td rowspan="5">优先权原则</td><td>适用范围</td><td>只适用于发明专利、实用新型、外观设计和商品商标。</td></tr>
<tr><td rowspan="3">适用条件</td><td>1. 已在一个成员国正式提出申请。</td></tr>
<tr><td>2. 在规定的期限内（发明专利和实用新型专利为12个月，外观设计专利和商标为6个月）。</td></tr>
<tr><td>3. 申请人于“在后申请”中提出关于优先权的申请。</td></tr>
<tr><td>效力</td><td>在优先权期限内每一个在后申请的申请日均为第一次申请的申请日。在先申请的撤回、放弃或驳回不影响该申请的优先权地位。</td></tr>
<tr><td>临时性保护原则</td><td colspan="2">缔约国应对在任何成员国内举办的或经官方承认的国际展览会上展出的商品中可取得专利的发明、实用新型、外观设计和可注册的商标给予临时保护。如果展品所有人在临时保护期内申请了专利或商标注册，则申请案的优先权日是从展品公开展出之日起算，而非从第一次提交申请案时起算。</td></tr>
<tr><td>独立原则</td><td colspan="2">外国人的专利申请或商标注册，应由各成员国依本国法决定，而不应受原属国或其他任何国家就该申请作出的决定的影响。</td></tr>
<tr><td rowspan="2">具体规定</td><td colspan="3">1. 对驰名商标的保护。驰名商标的认定不以注册为前提，使用亦可成为认定的依据；是否驰名由行政机关或司法机关认定；对于与已在该国驰名的商标产生混淆的商标，成员国有义务拒绝或取消其注册并禁止使用。</td></tr>
<tr><td colspan="3">2. 厂商名称的保护不以注册为条件。</td></tr>
</table>

最爱考

1. 甲、乙两国是《巴黎公约》缔约国。甲国人A就一项发明率先于2019年2月1日在甲国提出专利申请，2019年7月1日，其就该相同发明在乙国提出专利申请，同时提出优先权申请。此时，乙国应以2019年2月1日作为在乙国申请的申请日。此对A即为优先权。在本例中，即使A在甲国申请的专利未获得通过，也不影响其优先权的产生。

2. 优先权的获得不是自动的，需要申请人于“在后申请”中提出关于优先权的申请。

3. 对于在上海举行的国际博览会上展出的产品中可以取得专利的发明，我国应给予临时保护。如展品所有人在临时保护期内来我国申请专利，应以实际申请之日作为申请日。

4. 根据《巴黎公约》，若该公约甲成员国国民 A 的发明在甲国获得了专利保护，那么该发明在另一成员国乙国也应获得专利保护。

[答案]

1. 正确。

2. 正确。

3. 错误。应以产品公开展出之日作为申请日。

4. 错误。乙国要根据乙国法律判断，而不受甲国影响。

考点 93：《伯尔尼公约》★★

<table>
<tr><td>保护范围</td><td colspan="2">保护一切文学、科学和艺术领域内的一切成果。</td></tr>
<tr><td rowspan="4">基本原则</td><td rowspan="2">国民待遇原则（双国籍）</td><td>“作者国籍”指公约成员国国民和在成员国有惯常居所的非成员国国民，其作品无论是否出版，均应在一切成员国中享有国民待遇。</td></tr>
<tr><td>“作品国籍”针对非公约成员国国民，其作品只要首次在任何一个成员国出版，或者在一个成员国和非成员国同时出版（30 天之内），也应在一切成员国中享有国民待遇。</td></tr>
<tr><td>自动保护原则</td><td>成员国国民及在成员国有惯常居所的其他人，在作品创作完成时即自动享有著作权；非成员国国民，在成员国又无惯常居所者，其作品首先或同时在成员国出版也享有著作权。作者享受和行使有关权利时，不需履行任何手续。</td></tr>
<tr><td>独立保护原则</td><td>著作权保护，不依赖于其作品在来源国受到的保护。</td></tr>
<tr><td rowspan="2">保护的权利</td><td colspan="2">1. 保护客体。成员国必须保护的作品包括文学艺术作品、演绎作品以及实用艺术作品和工业品外观设计。公约规定的可选择是否给予保护的作品包括官方文件、讲演、演说或其他同类性质的作品以及民间文学艺术作品。日常新闻或纯属报刊消息性质的社会新闻不在版权保护客体范围之内。</td></tr>
<tr><td colspan="2">2. 精神权利和经济权利。</td></tr>
</table>

最爱考

1. 徐毛毛为惯常居所地在甲国的乙国公民，甲、乙两国均不是《保护文学艺术作品伯尔尼公约》缔约国，中国是该公约的缔约国。则徐毛毛的文章无论发表与否，其作品在中国都享有国民待遇。

2. 甲国人李佳佳在甲国出版著作《希望之路》后 25 天内，又在乙国出版了该作品，乙国是《保护文学和艺术作品伯尔尼公约》缔约国，甲国不是。乙国依国民待遇为该作品提供的保护需要李佳佳履行相应的手续。

3. 甲国人左某宁在甲国出版的小说流传到乙国后出现了利用其作品的情形，左某宁认为侵犯了其版权，并诉诸乙国法院。尽管甲乙两国均为《伯尔尼公约》的缔约国，但依甲国法，此种利用作品不构成侵权。则乙国法院可不受理该案，因作品来源国的法律不认为该行为是侵权。

［答案］

1. 错误。

2. 错误。李佳佳满足作品国籍国民待遇的条件，作品出版即享有著作权，不需履行任何手续。

3. 错误。

考点 94：《与贸易有关的知识产权协议》★

一般规定	1. 该协议第一次把最惠国待遇原则引入知识产权保护领域；	
	2. TRIPs 协议规定了较高的最低保护标准；	
	3. 建立完善的知识产权实施体系：包括一般义务、民事和行政程序及救济、临时措施、与边境措施相关的特殊要求以及刑事程序等。	
具体保护	版权	TRIPs 对《伯尔尼公约》的补充表现在两个方面： 1. 在保护客体方面，将计算机程序和有独创性的数据汇编列为版权保护的对象； 2. 在权利内容方面，增加了计算机程序和电影作品的出租权。
	商标	1. 扩大了对驰名商标的保护：商品商标和服务商标，相对保护到绝对保护； 2. 商标所有人可以连同所属业务与商标同时转让，也可以分别转让。
	专利	原则：WTO 成员对任何发明均应提供专利保护。
		例外： 1. 疾病的诊断方法、治疗方法和外科手术方法（可拒绝保护）； 2. 植物新品种（可不用专利保护）。
	地理标志	1. 禁止利用地理标志进行误导和不公平竞争行为。特别要求各成员采用法律手段，防止使用某一地理标志表示并非来源于该标志所指地方的葡萄酒或烈酒； 2. 禁止利用商标作虚假的地理标志暗示。若利用商标作虚假的地理标志暗示的行为，缔约方即应拒绝商标注册或使注册无效。如果地理标志虽然真实指明商品之来源地域、地区或地方，但仍误导公众以为该商品来源于另一地域，则成员亦可禁止其使用。

最爱考

1. 与《巴黎公约》相比，TRIPs 扩大了对驰名商标的特殊保护：一方面将相对保护扩大为绝对保护，即对驰名商标的特殊保护扩大至不相类似的商品或服务。另一方面将驰名商标的保护原则扩大适用于服务标记。

2. WTO成员方必须以专利形式对植物品种提供保护。

3. “香槟”是一个法国地名，中国某企业为了推广其葡萄酒产品，拟为该产品在中国注册“香槟”商标，只要该企业有关“香槟”的商标注册申请在先，商标局就可以为其注册。

[答案]

1. 正确。

2. 错误。

3. 错误。若利用商标作虚假的地理标志暗示的行为，缔约方即应拒绝商标注册或使注册无效。

考点95：国际知识产权许可协议的种类★

独占许可	在协议约定的时间及地域内，许可方授予被许可方技术的独占使用权，许可方不能在该时间及地域范围内再使用该项出让的技术，也不能将该技术使用权另行转让给第三方。
排他许可	在协议约定的时间及地域内，被许可方拥有受让技术的使用权，许可方仍保留在该时间和地域内对该项技术的使用权，但不能将该项技术使用权另行转让给第三方。
普通许可	在协议约定的时间和地域范围内，被许可方拥有受让技术的使用权，许可方仍保留在该时间和地域内对该项技术的使用权，且能将该项技术使用权另行转让给第三方，即被许可方、许可方和第三方都可使用该项技术。

最爱考

中国甲公司与德国乙公司签订一项新技术许可协议，规定在约定期间内，甲公司在亚太区独占使用乙公司该项新技术。则意味着在约定期间内，乙公司在亚太区不能再使用该项新技术，同时也不能在亚太地区将该技术使用权另行转让给第三方。

[答案] 正确。

PROJECT TWENTY

国际投资法 | 专题二十

考点 96:《与贸易有关的投资措施协议》★★

<table>
<tr><td>调整对象</td><td colspan="2">与货物贸易有关的投资措施</td></tr>
<tr><td rowspan="5">禁止成员的措施</td><td rowspan="2">违反国民待遇原则方面</td><td>1. 当地成分要求（国产化要求）。</td></tr>
<tr><td>2. 出口实绩要求。</td></tr>
<tr><td rowspan="3">违反取消一般数量限制方面</td><td>1. 贸易平衡要求。</td></tr>
<tr><td>2. 外汇平衡要求。</td></tr>
<tr><td>3. 出口限制（国内销售要求）。</td></tr>
</table>

点睛之笔

1. 当地成分要求，指企业购买或使用原产于国内或来源于国内渠道的产品，不论这种具体要求是规定特定产品、产品的数量或价值，或规定购买与使用当地产品的数量或价值的比例。

2. 出口实绩要求，指要求外国投资企业购买或使用进口产品的数量或价值应与该企业出口当地产品的数量或价值相当。

3. 贸易平衡要求，即进口数量以出口数量为限。总体上限制企业用于当地生产或与当地生产相关的产品的进口，或者将其进口限制在与其出口当地产品的数量或价值挂钩。

4. 外汇平衡要求，指将企业可使用的外汇限制在与该企业外汇流入相关的水平。

5. 出口限制，指限制企业出口或为出口销售产品，不论这种限制是规定特定产品、产品数量或价值，或是规定其在当地生产的数量或价值的比例。

6. 当地股权要求并未被 TRIMs 协议所禁止。所谓当地股权要求是指要求东道国本国国民所在企业的股份应达到最低比例。

最爱考

1. 甲国是 WTO 成员，为了促进本国汽车产业，甲国可以出台如下规定：如生产的汽车使用了 30%国产零部件，即可享受税收减免的优惠。

2. 规定汽车生产企业的外资股权比例不应超过 60%为 TRIMs 协议所禁止的投资措施。

[答案]

1. 错误。

2. 错误。

考点 97：《多边投资担保机构公约》（MIGA）★★★

<table>
<tr><td colspan="2" rowspan="5">承保险别</td><td>1. 货币汇兑险（投资者收益不能兑换成可自由使用的货币或无法汇出东道国）；</td></tr>
<tr><td>2. 战争和内乱险（不以发生在东道国境内为限，内乱指革命、暴乱、政变等）；</td></tr>
<tr><td>3. 违约险（要求东道国政府不但违反其与投资者间的合同，而且要拒绝司法）；</td></tr>
<tr><td>4. 征收和类似措施险（正式的征收或类似征收措施）；</td></tr>
<tr><td>5. 其他政治风险。</td></tr>
<tr><td rowspan="5">承保条件</td><td rowspan="2">合格投资者</td><td>1. 东道国以外的国民（自然人、法人）；</td></tr>
<tr><td>2. 满足一定的条件，可以将合格投资者扩大到东道国的自然人、在东道国注册的法人以及其多数资本为东道国国民所有的法人。</td></tr>
<tr><td rowspan="2">合格投资</td><td>1. 投资形式。
（1）股权投资（购买公司股权以管理控制企业的投资）；
（2）非股权投资（通过股权以外的方式如技术、管理合同等取得企业管理控制权的投资）；
（3）经机构董事会特别多数同意，还包括任何中长期投资。</td></tr>
<tr><td>2. 新的投资。投保人提出申请注册之后才开始执行的投资项目。</td></tr>
<tr><td>合格东道国</td><td>发展中国家。</td></tr>
<tr><td colspan="2">代位求偿权</td><td>担保机构一经向投保人赔偿，即代位取得投保人对东道国所拥有的各种权利。</td></tr>
</table>

点睛之笔

1. 导致货币汇兑风险的行为可以是东道国采取的积极行为，如明确以法律等手续禁止货币的兑换和转移，也可以是消极地限制货币兑换或汇出，如负责业务的政府机构长期拖延协助投资人兑换或汇出货币。

2. 拒绝司法指投资者无法求助于司法或仲裁部门对违约的索赔作出裁决，或司法或仲裁部门未能在合理期限内作出裁决，或有这样的裁决而不能实施。拒绝司法不同于用尽当地救济，两者要求的程度不同，后者更为严格。

3. 一般来讲，东道国为了管辖境内的经济活动而采取的普遍适用的措施，如根据普遍适用税法导致的所得税增加，则不属于该险别范畴，但如果连续的所得税增加，实际上已与征收效果无异，则属于该险别承保范围。

最爱考

1. 乙国货币大幅贬值造成T公司损失，属货币汇兑险的范畴。

2. 工人罢工影响了自来水厂的正常营运，属战争内乱险的范畴。

3. 根据《多边投资担保机构公约》，多边投资担保机构承保的险别包括征收和类似措施险、战争和内乱险、货币汇兑险和投资方违约险。

4. 甲国某公司要到乙国投资建设一个垃圾处理厂，并与乙国政府签订了垃圾处理合同，后乙国因为环境政策的改变增加了环境保护税。乙国政府遂以该合同履行不再具有经济意义为由拒绝履行该合同。如果该公司寻求多边投资担保机构进行理赔，应以用尽乙国当地救济为前提条件。

5. 乙国新所得税法致 T 公司所得税增加，属征收和类似措施险的范畴。

6. MIGA 只承保货币汇兑险、征收险、战争内乱险和政府违约险。

7. 在任何情况下，MIGA 都不得接受东道国自然人、法人的投保。

8. 任何投资均可列入 MIGA 的投保范围，但间接投资除外。

9. 甲乙两国均为《多边投资担保机构公约》的缔约国。A 公司是甲国投资者在乙国依乙国法设立的一家外商独资企业。乙国政府对 A 公司采取了征收措施。多边投资担保机构在向投保人赔付后，可以向甲国政府代为求偿。

10. 甲国公司在乙国投资建成地热公司，并向多边投资担保机构投了保。则乙国应为发展中国家。

［答案］

1. 错误。任何情况下发生的货币贬值或定值的降低，属于 MIGA 免责的情况。

2. 错误。

3. 错误。MIGA 承保的险别不包括投资方违约险。而是东道国政府违约险。

4. 错误。

5. 错误。

6. 错误。

7. 错误。

8. 错误。经机构董事会特别多数同意，可将担保投资的范围扩大到其他任何形式的中长期投资，即可以包含间接投资，另外，也并非任何投资都承保，出口信贷不在 MIGA 的担保范围之内。

9. 错误。应该向投资东道国，即乙国求偿。

10. 正确。

考点 98：《解决国家和他国国民间投资争端公约》★★★

内容	具体规定	
解决方式	调解和仲裁。	
中心（ICSID）管辖权	主体方面	1. 缔约国政府（东道国）和另一缔约国国民； 2. 缔约国政府（东道国）和具有该东道国国籍的法律实体（直接受另一缔约国利益控制）。
	争端性质	争议必须是直接产生于投资的法律争议。
	主观方面	双方当事人必须书面同意将特定争议提交中心管辖。一旦作出同意决定，不得单方面撤销。

续表

内容	具体规定
中心仲裁适用的法律	首先适用争议双方所选择的法律；如果未作此选择，可适用争议国家一方的国内法（包括其关于冲突法的规则）和可适用的国际法规则。
裁决的执行	每一缔约国应承认中心裁决具有约束力，不得对裁决进行审查或拒绝承认与执行。
可以撤销裁决的情形	1. 仲裁庭组成不当； 2. 超越仲裁权限； 3. 仲裁员受贿； 4. 严重背离基本程序； 5. 裁决未陈述所依据的理由。

点睛之笔

一旦双方当事人将争议交付中心，原则上即排除了投资者本国的外交保护，除非争端的国家一方不履行中心所作出的裁决；同时，也限制了用尽东道国救济原则的使用，但是，缔约国可以要求以用尽该国行政或司法救济作为其同意中心仲裁的条件。

最爱考

1. 投资争端应由双方书面同意提交给投资争端国际中心，当双方表示同意后，任何一方不得单方面撤销。
2. 中心可根据投资者的单方申请对投资争端行使管辖权。
3. 批准或加入公约本身并不等于缔约国承担了将某一特定投资争端提交中心调解或仲裁的义务。
4. 提交中心解决的争端可以是任何与投资有关的争端。
5. 东道国和东道国法人之间的争议不可能受中心管辖。
6. 东道国如对中心裁决不服的，可寻求向本国的最高法院上诉。
7. 如东道国没有特别规定，中心对争端享有管辖权不以用尽当地救济为条件。
8. 中心对争端行使管辖权后，可依争端双方同意的法律规则作出裁决。
9. 中心对投资争端作出了仲裁裁决，则该裁决对争端各方均具有拘束力，且该裁决不得撤销。

［答案］

1. 正确。
2. 错误。
3. 正确。
4. 错误。争端必须是因直接投资而产生的法律争端。
5. 错误。
6. 错误。
7. 正确。
8. 正确。
9. 错误。

PROJECT TWENTY-ONE

国际融资法 专题二十一

考点99：国际融资担保和特别提款权★★

国际融资担保的主要方式	1. 见索即付保证（独立保函）：指一旦主债务人违约，贷款人无须先向主债务人追索，即可无条件要求保证人承担第一偿付责任的保证。（详见下表最高院关于独立保函的司法解释。）
	2. 备用信用证：指担保人（即开证银行）应借款人的要求，向贷款人开具备用信用证，当贷款人向担保人出示备用信用证及借款人违约证明时，担保人须按该信用证的规定支付款项的保证。 备用信用证具有如下特点：备用信用证的保证人是银行；贷款人出具信用证要求的违约证明时，保证人即向贷款人付款，不需要对违约的事实进行审查；开证行作为保证人承担第一位付款责任；在贷款协议无效时，开证行仍须承担保证责任，即备用信用证独立于国际贷款协议。
	3. 担保意愿书：又称“安慰函”，通常是指一国政府为其下属机构或一母公司为其子公司而向贷款人出具的，表示支持并愿意为该下属机构或该子公司的还款提供适当帮助的书面文件。
	4. 浮动担保：债务人以其现有的或将来取得的全部或某一类财产为债权人设定的一种担保物权。
特别提款权（简称SDR）	特别提款权是国际货币基金组织在原有的普通贷款权之外，按各国认缴份额的比例分配给会员国的一种使用资金的特别权利。它不是一种有形的货币，只是一种账面资产。 1. 可与黄金、外汇一起作为国际储备； 2. 可用于办理政府间结算，可偿付政府间结算逆差； 3. 可以用以偿还基金组织的贷款，或作为偿还债务的担保等； 4. 特别提款权在创设时是一种以黄金定值的记账单位，现在五种货币加权平均数定值（美元、欧元、人民币、日元、英镑）。

点睛之笔

备用信用证与商业跟单信用证虽均具有信用证的共同点，但也有不同之处：

（1）前者用于国际经济交易担保，后者只用于国际贸易支付领域；

（2）两者对单据的要求及付款责任也不同，前者要求贷款人向担保人出示备用信用证及借款人违约证明，而后者要求提供相应的单据；

（3）两者适用的规则也不同，商业跟单信用证适用国际商会制定的《跟单信用证统一惯例》（UCP600），虽然《跟单信用证统一惯例》可以适用备用信用证，但专门适用于备用信用证的权威国际惯例是《国际备用信用证惯例》（简称《ISP98》）。

最爱考

1. 备用信用证项下的付款义务只有在开证行对借款人的违约事实进行实质审查后才产生。

2. 在一国际贷款中，甲银行向贷款银行乙出具了备用信用证，后借款人丙公司称贷款协议无效，拒绝履约。乙银行向甲银行出示了丙公司的违约证明，要求甲银行付款。因为备用信用证独立于乙银行与丙公司的国际贷款协议，即使该国际贷款协议无效，甲银行仍须承担保证责任。

3. 大公司出具的担保意愿书具有很强的法律效力。

4. 浮动担保中用于担保的财产的价值是变化的。

5. 中国众合公司可以通过支付特别提款权的方式完成向甲国进行的一项投资。

［答案］

1. 错误。
2. 正确。
3. 错误。
4. 正确。
5. 错误。

考点100：最高院《关于审理独立保函纠纷案件若干问题的规定》★★★

独立保函的定义（即见索即付保证）	（1）独立保函：银行或非银行金融机构作为开立人，以书面形式向受益人出具的，同意在受益人请求付款并提交符合保函要求的单据时，向其支付特定款项或在保函最高金额内付款的承诺。
	（2）单据，是指独立保函载明的受益人应提交的付款请求书、违约声明、第三方签发的文件、法院判决、仲裁裁决、汇票、发票等表明发生付款到期事件的书面文件。
	（3）独立保函的开立，独立保函可以依保函申请人的申请而开立，也可以依另一金融机构的指示而开立。开立人依指示开立独立保函的，可以要求指示人向其开立用以保障追偿权的独立保函。（反担保函）
独立保函交易的效力规则	（1）独立保函载明适用《见索即付保函统一规则》等独立保函交易示范规则，或开立人和受益人在一审法庭辩论终结前一致援引的，人民法院应当认定交易示范规则的内容构成独立保函条款的组成部分。 （2）涉外独立保函未载明适用法律，开立人和受益人在一审法庭辩论终结前亦未就适用法律达成一致的，开立人和受益人之间因涉外独立保函而产

续表

独立保函交易的效力规则	生的纠纷适用开立人经常居所地法律；独立保函由金融机构依法登记设立的分支机构开立的，适用分支机构登记地法律。 不具有前款情形，当事人主张独立保函适用相关交易示范规则的，人民法院不予支持。 [注意] 1.《见索即付保函统一规则》的性质为合同示范条款，被当事人选择之后适用，构成独立保函条款的组成部分。当事人可在独立保函中另行约定其他内容，另行约定的内容与《见索即付保函统一规则》冲突的，应以其他内容为准。 2. 独立保函不属于我国《担保法》规定的法定担保方式，不适用我国《担保法》关于保证的规定。
独立保函的特征	(1) 独立性。受益人提交的单据与独立保函条款之间、单据与单据之间表面相符，受益人请求开立人依据独立保函承担付款责任的，人民法院应予支持。 开立人以基础交易关系或独立保函申请关系对付款义务提出抗辩的，人民法院不予支持，但有本规定第 12 条情形的除外（即独立保函欺诈情况）。 [注意] 当事人约定在国内交易中适用独立保函的，人民法院不能以独立保函不具涉外因素为由，否定保函独立性约定的效力。 (2) 审单标准：表面相符。人民法院在认定是否构成表面相符时，应当根据独立保函载明的审单标准进行审查；独立保函未载明的，可以参照适用国际商会确定的相关审单标准。 单据与独立保函条款之间、单据与单据之间表面上不完全一致，但并不导致相互之间产生歧义的，人民法院应当认定构成表面相符。 (3) 审单主体：开立人。开立人有独立审查单据的权利与义务，有权自行决定单据与独立保函条款之间、单据与单据之间是否表面相符，并自行决定接受或拒绝接受不符点。
管辖法院	(1) 受益人和开立人之间因独立保函而产生的纠纷案件，由开立人住所地或被告住所地人民法院管辖，独立保函载明由其他法院管辖或提交仲裁的除外。 (2) 当事人主张根据基础交易合同争议解决条款确定管辖法院或提交仲裁的，人民法院不予支持。

点睛之笔

1. 依申请开立的独立保函，有三个当事人：申请人、开立人和受益人。比如在国际信贷中，申请人实际为借款方，受益人为贷款方，而开立人实际扮演的是保证人的角色。

2. 在国际业务中，由于对外国银行不了解，以及各国法律差异较大，受益人往往只接受本国银行开立的保函，因而申请人只好委托其往来银行先给受益人当地的代理行开立反担保函，由该代理行再向受益人开立独立保函，这是一种适用较为普遍的反担保形式。

最爱考

1. 中国某工程公司在甲国承包了一项工程，中国某银行对甲国的发包方出具了见索即付的保函，后甲国发包方以中国公司违约为由向中国银行要求支付保函上的款项遭到拒绝，遂诉至人民法院。如甲国发包方提交的书面文件与保函要求相符，中国银行应承担付款责任。

2. 中国甲公司与某国乙公司签订一项买卖合同，合同中约定了仲裁条款，为保障付款，甲公司向中国银行申请开立了以乙公司为受益人的独立保函，而关于该独立保函并未约定争议解决办法。后因该保函履行引发纠纷，乙公司将中国银行诉至某人民法院。则买卖合同中的仲裁条款可以排除法院对本案保函纠纷的管辖权。

3. 中国甲公司在承担中东某建筑工程时涉及一系列分包合同和买卖合同，并使用了载明适用《见索即付保函统一规则》的保函，保函内容中与《见索即付保函统一规则》不符的部分无效。

4. 单据与独立保函条款之间表面上不完全一致，但并不导致相互之间产生歧义的，仍应认定构成表面相符。

5. 当事人主张独立保函适用我国《担保法》关于一般保证或连带保证规定的，人民法院应予支持。

[答案]

1. 正确。

2. 错误。当事人主张根据基础交易合同争议解决条款确定管辖法院或提交仲裁的，人民法院不予支持。

3. 错误。

4. 正确。

5. 错误。

PROJECT TWENTY-TWO

国际税法 专题二十二

考点101：税收管辖权★★

<table>
<tr><td>居民税收管辖权</td><td colspan="3">居民税收管辖权，指一国政府对于本国税法上的居民纳税人来自境内及境外的全部财产和收入实行征税的权力。纳税人向居住国承担的是无限纳税义务。</td></tr>
<tr><td rowspan="4">来源地税收管辖权</td><td>概念</td><td colspan="2">来源国税收管辖权指一国政府针对非居民纳税人就其来源于该国境内的所得征税的权力。</td></tr>
<tr><td rowspan="3">来源地认定</td><td colspan="2">营业所得。目前各国对非居民营业所得的征税普遍使用常设机构原则。常设机构原则指，仅对非居民纳税人通过在境内常设机构而获取的工商营业利润实行征税的原则。</td></tr>
<tr><td rowspan="2">劳务所得</td><td>1. 个人独立劳务所得，确定独立劳务所得来源地的方式一般采用“固定基地原则”和“183天规则”。对独立的个人劳务所得，应仅由居住国行使征税权。但如取得独立劳务所得的个人在来源国设有固定基地或者连续或累计停留超过183天者，则由来源国征税。</td></tr>
<tr><td>2. 非独立劳务所得，即非居民受雇于他人的所得，一般由收入来源国一方从源征税。</td></tr>
</table>

点睛之笔

1. 常设机构包括：管理场所、分支机构、办事处、工厂、车间、作业场所、矿场、油井、采石场等。而陈列、展销、商品库存、为采购货物等而保有的场所，其他具有准备性、辅助性的固定场所则不构成常设机构。

2. 个人独立劳务所得指从事专业性劳动的自由职业者获得的收入所得，如从事独立的科学、文学、艺术、教育和教学活动，从事医师、律师、工程师、建筑师、会计师等独立活动所得的收入。

非独立劳务所得指雇员或职员取得的工资、薪金和其他报酬等。

最爱考

1. 目前各国对非居民营业所得的纳税普遍采用常设机构原则，该常设机构必须满足公司实体的要求。

2. 为了完成会计师事务所交办的涉及中国某项目的财务会计报告，永居甲国的甲国人里德来到中国工作半年多，圆满完成报告并获得了相应的报酬。因里德该笔所得为独立个人劳务所得且其在中国停留超过了183天，故中国对其可从源征税。

3. 中国人左某宁永居甲国，如其被甲国认定为纳税居民，则应对甲国承担无限纳税义务。

［答案］

1. 错误。
2. 正确。
3. 正确。

考点102：国际双重征税及其解决★★★

分类	解决办法
重复征税，是指两个或两个以上国家，对同一纳税人就同一征税对象在同一时期课征相同或类似的税收。	1. 过双边协议划分征税权； 2. 免税法，指居住国政府对本国居民来源于国外的所得和位于国外的财产免予征税； 3. 抵免法，指纳税人可将已在收入来源国实际缴纳的所得税税款在应当向居住国缴纳的所得税税额内扣除； 4. 扣除法，指居住国在对跨国纳税人征税时，允许本国居民将国外已纳税款视为一般费用支出从本国应纳税总所得中扣除。
重叠征税，是指两个或两个以上国家对同一笔所得在具有某种经济联系的纳税人手中各征一次税的现象，通常发生在公司和股东之间	国际上目前尚无解决国际重叠征税的普遍适用规范。一般是通过股息收入国和股息付出国两个方向采取措施解决。

点睛之笔

税收管辖权的冲突是产生国际重复征税的根本原因。

最爱考

1. 甲国人李佳佳长期居住在乙国，在确定纳税居民的身份上，甲国以国籍为标准，乙国以住所和居留时间为标准。则甲乙两国可通过双边税收协定协调居民税收管辖权的冲突。

2. 甲国纳税居民马胖胖是甲国保险公司的大股东，马胖胖从该保险公司在乙国的分支机构获利35万美元。两国均对马胖胖的35万美元获利征税属于国际重叠征税。

［答案］

1. 正确。

2. 错误。虽然提及了公司和股东，但纳税人只有一个，属于国际重复征税。

一招制敌

区别国际重复征税与国际重叠征税的要诀在于：不同国家针对的是同一纳税人征税，纳税义务人就一个，是重复征税；而有的国家向公司征税，有的国家向股东征税，纳税义务人有两个：公司及其跨国股东，即为重叠征税。

考点 103：防止国际偷漏税之 CRS“共同申报准则”

CRS 的目标和本质	（1）经合组织（OECD）于 2014 年发布了《金融账户信息自动交换标准》，旨在打击跨境逃税，标准中即包含 CRS“共同申报准则”。
	（2）CRS“共同申报准则”的实施是在遏制跨境逃税上更有效的合作。
	（3）CRS 的本质是为了全球性地抵制偷漏税而在不同国家之间进行自动报告财务信息。
CRS 信息交换的特点	（1）CRS 与双边协定中的情报交换条款有所不同，双边协定中的情报交换是依申请而进行的，申请时需要提供涉税的证明材料，所以实践中作用非常有限。而 CRS 是自动的、无须提供理由的信息交换。 金融机构→本国税务部门↔税收国税务部门←金融机构（信息交换，每年 1 次）。
	（2）CRS 覆盖几乎所有的海外的金融机构，银行、信托、券商、律所、会计事务所、提供各种金融投资产品、特定的保险机构的账户都在覆盖范围内。
	（3）下列资产信息将被 CRS 交换：存款账户、托管账户、投资机构的股权或者债权权益账户、基金、信托计划、专户/集合类资产管理计划、具有现金价值的保险合同或年金合同等。
	（4）被 CRS 交换的信息包括但不限于个人账户、账户余额、姓名、国籍、出生日期、年龄、性别、居住地。
	（5）CRS 是根据账户持有人税收居住地而不仅仅依账户持有人的国籍来作为识别依据。其所针对的是，纳税人应该在哪个国家纳税，其金融信息就会被发送到应该纳税的国家。
不受 CRS 影响或影响较小的几种情形	（1）境外税务居民所控制的公司拥有的金融账户在 25 万美元以下的。
	（2）投资海外房产、珠宝、艺术品、贵金属等不属于金融资产的品类，不需要申报。
	（3）只有产生现金流的资产、有现金价值的金融资产，才需要申报；不产生现金流的资产，如不动产、艺术品、贵金属等，均不需要申报。

最爱考

1. 中国和新加坡都接受了《金融账户信息自动交换标准》标准中的“共同申报准则”（CRS），定居在中国的徐毛毛在新加坡银行和保险机构均有账户，同时还在新加坡拥有房产和收藏品等，徐毛毛可因自己为巴拿马国籍，要求新加坡不向中国报送其在新加坡的金融账户信息。

2. 中国和新加坡都接受了“共同申报准则”（CRS），如中国未提供正当理由，新加坡无须向中国报送相关纳税人的金融账户信息。

3. 甲乙两国均采纳 CRS“共同申报准则”，某甲国税收居民川建国在乙国银行、律所、保险公司等金融机构拥有账户。依 CRS“共同申报准则”及相关税法规则，川建国在乙国的所有资产，均在 CRS“共同申报准则”的覆盖范围。

［答案］

1. 错误。CRS 是根据账户持有人税收居住地而不仅仅依账户持有人的国籍来作为识别依据。

2. 错误。CRS 是自动的、无须提供理由的信息交换。

3. 错误。

附录一：众合教育技术流名师作者团队

孟献贵	中国政法大学民商法博士，众合教育独家签约老师，有多年法考培训和辅导经验，对于民法学的教学与辅导具有自己独到的见解，体系化、图示化的授课方式深受广大学员欢迎。
徐光华	江西财经大学法学院教授、博士生导师，法学博士、博士后。兼任国际刑法学会中国分会理事、江西省犯罪学研究会理事、江西省经济犯罪研究中心理事、南昌市仲裁委员会仲裁员、北京中银（南昌）律师事务所律师。
李　佳	中国政法大学行政法学博士，山东大学博士后。独创法考“行政法逆向解题思维”，将复杂而抽象的行政法理论具体化、形象化、生活化，让学生轻松快乐地攻克行政法难关。
戴　鹏	毕业于清华大学法学院。授课思路清晰，善于归纳总结，将枯燥的条文转化成富有逻辑和生动的故事。授课严谨认真，深受考生欢迎，被考生誉为法考路上的“良师益友”。
左　宁	中国政法大学博士，中国人民大学博士后。高校教师，兼职律师，教学经验丰富。讲课注重实效，善于总结法条规律与口诀，提点解题思路，让考生听完会用，做题能对。
郄鹏恩	商经知授课名师。具有多年的授课经验，讲课及讲义条理清晰，重点突出，声音豁亮、感染力强。希希老师构建商经知体系堪称完美，知识表达清晰精准，深受考生欢迎。
马　峰	中国政法大学法学博士。深谙法考命题规律，注重帮助学员全面构建理论法学的知识体系，让学员在授课后能够有效的应对考查要求，授课生动形象，深入浅出，通俗易懂。
李曰龙	中国人民大学国际法学博士，专注于法律职业资格考试辅导，众合教育独家授课教师。理论功底深厚，实践经验丰富，能够准确把握命题规律，使广大学员爱上三国法，三国法得高分，其授课疏密有致，深入浅出，精巧雄浑，深受广大学员喜爱。

民　法学科组☞ 李建伟、孟献贵、李帅、李军、戴寰宇

刑　法学科组☞ 徐光华、孙自立、车润海、张宇琛、于越、邹帆

行政法学科组☞ 李佳、李年清、白亚静、黄韦博、吴鹏

民诉法学科组☞ 戴鹏、杨洋、邱振启、郭翔、包冰锋、谭一

刑诉法学科组☞ 左宁、肖沛权、温云云、董扬

商经法学科组☞ 郄鹏恩、曹新川、方涛、刘佳、汪华亮、李文涛

理论法学科组☞ 马峰、陈璐琼、郭晓飞

三国法学科组☞ 李曰龙、杨万里、李真、庚欣

附录二：众合教育 2020 重点班次推荐

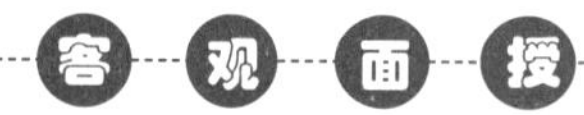

◎［精品突破班］

时间：7 月 7 日-8 月 28 日（详情以当地分校公布为准）

◎［包含阶段］

1. 超级强化精讲　强化精讲知识、同步试题讲解、同步案例训练、全真模考。

2. 考前突破班　讲重点难点，缩备考范围，进行题目详细讲评，实现考前的最后一次减负。

◎［客观题密卷班］

时间：8 月 29 日-8 月 30 日（详情以当地分校公布为准）

包含内容：1∶1 还原客观题试卷模型，剖析客观题难点、必考点，名师精讲考前预测试题，考前冲刺，精准提分。

◎［主观题旗舰集训班］

时间：9 月 15 日-10 月 7 日（详情以当地分校公布为准）

◎［包含阶段］

1. 主观题考点强化阶段　注重主观题考查内容的体系化、系统化、重点难点突出，具有主观题考试的针对性、应试性。

2. 主观题案例点睛阶段　梳理法律职业资格考试的必考点，实现重点、难点突破，做到深入浅出，化繁为简，为通关蓄能。

◎［主观题点睛班］

时间：10 月 1 日-10 月 7 日（详情以当地分校公布为准）

包含内容：针对考点进行案例题目训练分析讲解，为考生主观题考试储备知识，提高主观题应试思维能力。

附录三：

图书用书分校咨询电话

Library Books Branch School Consultation Telephone

分校名称	咨询电话
北京众合	15511383383
上海众合	13661802541
广州众合	15992401274
天津众合	13752327078
济南众合	18663708655
保定众合	15127489315
唐山众合	18630507911
石家庄众合	0311-8926 5308
青岛众合	18669705081
太原众合	18835102114
沈阳众合	024-3151 6012
哈尔滨众合	17611039099
大连众合	15842658825
长春众合	18604303152
杭州众合	0571-8826 7517
南京众合	025-8479 8105
福州众合	18905011890
合肥众合	0551-6261 7728
徐州众合	18626007405
深圳众合	13632829204
南宁众合	13377183019
海口众合	15289808392
武汉众合	027-8769 0826
郑州众合	15670623227
长沙众合	13677369057
南昌众合	15079114587
西安众合	18691896468
兰州众合	18691819574
呼和浩特众合	15124769050
成都众合	18140040040
重庆众合	023-6532 7907
贵阳众合	0851-8582 0974
昆明众合	15887145103
华东市场拓展部	13851436246
加盟事业部	13701200741